AF326054

RECUEIL

DES
DIFFERENS EDITS
DE CRÉATION

DES OFFICES DE GOUVERNEURS,
Lieutenans de Roy, Maires, Lieutenans de Maires, Echevins,
Confuls, Jurats, Capitouls, Affeffeurs, Secretaires des
Greffiers des Hôtels de Ville, & leurs Controlleurs, Anciens-
Mitrienaux, & Alternatifs-Mitriennaux, & ceux d'Avocats
& Procureurs du Roy defdites Hôtels de Ville, &c.

CONTENANT,

LES DROITS, FONCTIONS, PRIVILEGES,
Exemptions, Rangs, Séances Honneurs & Prerogatives
attribués aufdits Offices.

AVEC

L'EDIT DU MOIS DE NOVEMBRE MIL SEPT CENT TRENTE-TROIS
qui les rétablit, la Declaration & Reglement des 20 & 29 Decembre fuivant.

A PARIS,

Chez la Veuve SAUGRAIN & PIERRE PRAULT, Imprimeur des
Fermes & Droits du Roy, Quay de Gêvres au Paradis,
& à la Croix Blanche.

___

M. DCC. XXXIV.

TABLE DES PIECES
CONTENUES
AU PRESENT RECUEIL.

créés par les Edits d'Aoust 1692, May & Aoust 1702.

Octobre 1708.

Edit, Portant création des Offices d'Avocats du Roy dans les Sieges des Hôtels de Ville.

Decembre 1708.

Edit, Portant rétablissement des Offices de Gouverneurs des Villes où ils n'ont point été levés ; & création de Lieutenans de Roy, dans toutes les Villes où il y a des Gouverneurs.

Mars 1709.

Edit, Portant création d'Offices d'Echevins, Consuls, Capitouls, Jurats, & autres Officiers Municipaux des Hôtels de Villes, Alternatifs & Triennaux, dans toutes les Villes du Royaume.

Mars 1709.

Edit, Portant création d'Offices de Greffiers Alternatifs & Triennaux dans les Villes de Paris & Lyon, & dans tous les Hôtels de Ville du Royaume.

Avril 1710.

Edit, Qui réünit en un seul & même corps d'Offices, les Maires & Lieutenans de Maire alternatifs & Triennaux des Villes, & les Greffiers & Controlleurs alternatifs des Hôtels de Ville, aux anciens, sous le Titre d'Anciens, Alternatifs & Triennaux.

Novembre 1733.

Edit, Portant rétablissement des Offices de Gouverneurs, Lieutenans de Roy, Maires, Lieutenans de Maires, & autres Officiers des Hôtels de Ville.

Du 20 Decembre 1733.

Declaration, en interpretation de l'Edit du mois de Novembre dernier, qui rétablit les Offices Municipaux.

Du 29 Decembre 1733.

Arrest du Conseil, Portant reglement pour la Vente des Offices Municipaux, créés & rétablis par Edit du mois de Novembre 1733.

E D I T

E DIT DU ROY,

*PORTANT création des Procureurs du Roy & Greffiers
des Hôtels de Ville.*

Donné à Versailles au mois de Juillet 1690.

Verifié en Parlement le vingt-huit du même mois & an.

LOUIS PAR LA GRACE DE DIEU
ROY DE FRANCE ET DE NAVARRE :
A tous-presens & à venir, SALUT. L'experience ayant fait connoître que le peu d'ordre qui se rencontroit dans l'administration des
affaires communes des Villes & Communautez
de ce Royaume, ne procedoit que du changement
trop frequent des Magistrats, Echevins, Jurats, Capitouls,
Syndics & autres personnes proposées pour en prendre soin,
attendu que leur fonction n'estant que pour un temps ils
se trouvent hors d'exercice avant que de pouvoir estre suffisamment instruists des affaires publiques, & de ce que les
particuliers qui estoient commis à la fonction des Greffiers
desdites Villes & Communautez, n'estant point chargez des
Papiers & Registres d'icelles, les negligoient le plus souvent, & quelquefois même les divertissoient & supprimoient,
soit pour favoriser leurs parens & amis qui peuvoient y

avoir intereft, foit pour en tirer des profits illicites au préjudice de nos Sujets, ou pour rendre leur miniftere neceffaire en ôtant par ce moyen toutes les lumieres aux Officiers
qui entroient en Charge. Le feu Roy noftre trés-honoré
Seigneur & Pere avoit cru que pour remettre le bon ordre
dans lefdites Communautez, empêcher la diffipation de
leurs deniers communs, patrimoniaux & d'octroy, & arrefter
le cours des abus qui fe commettoient avec trop de licence,
il n'y avoit pas de moyen plus certain que d'établir quelques
Officiers perpetuels, qui ayant une entiere connoiffance des
affaires, feroient en état d'inftruire les autres Magiftrats
électifs qui ne font qu'à temps, & concourant tous enfemble
dans un même deffein, ne manqueroient pas de faire fentir
au Public de falutaires effets d'une bonne adminiftration.
C'eft par cette raifon que par les Edits de Juillet 1622. May
1633. & May 1634. il créa des Greffiers hereditaires en
chacune Ville & Communauté des Provinces & Païs de
Languedoc, Provence & Dauphiné ; Et par autre Edit du
mois de Juin 1635. il créa des Offices d'un noftre Confeiller
Procureur, & d'un Greffier hereditaire dans chaque Ville &
Communauté du Reffort du Parlement & Chambre des
Comptes de Paris, aux mêmes fonctions que ceux de
l'Hoftel de noftre bonne Ville de Paris, lefquels Edits n'ayant
point eu leur entiere execution, Nous avons eftimé que
pour empêcher à l'avenir les defordres qui ont toûjours con-
tinué, il feroit à propos d'établir en chaque Ville & Communauté de noftre Royaume où il y a Hoftel commun, &
où lefdits Procureurs & Greffiers n'ont point encore efté
établis, un noftre Confeiller Procureur & de ladite Ville &
Communauté, & un Greffier, avec pareilles fonctions que
ceux de l'Hoftel de noftre bonne Ville de Paris. A c e s
c a u s e s, après avoir mis cette affaire en déliberation, &
fait examiner en noftre Confeil lefdits Edits, Declarations
& Arrefts intervenus fur iceux, de l'avis d'iceluy, & de noftre
certaine fcience, pleine puiffance & autorité Royale, Nous
avons par le prefent Edit perpetuel & irrevocable, créé,
érigé & établi, créons, érigeons & établiffons en titre d'Office formé & hereditaire en chacune Ville & Communauté

.de noftre Royaume où il y a Hoftel ou maifon commune , un noftre Confeiller Procureur & de ladite Ville & Communauté , & un Secretaire ou Greffier, aux mémes fonctions que pareils Cfficiers de l'Hoftel de noftre bonne Ville de Paris, pour par lefdits Procureurs tenir Regiftre de toutes les oppofitions formées à leur Requefte, & de celles qui leur auront efté fignifiées concernant les Domaines , Revenus, Deniers patrimoniaux, Dons & Cctrois defdites Villes & Communautez , de toutes les pourfuites qui feront faites en leurs noms pour raifon de ce ; comme auffi des Baux des Cctrois & heritages dépendans du Demaine defdites Villes & Communautez, renouvellement d'iceux , Titres nouvels & Reconnoiffances ; enfemble des Adjudications de tous les revenus d'icelles, & des Contrats & Declarations qui feront paffez à leur Requefte pour lefdits Demaines & Revenus ; faire pour la confervation & perception d'iceux toutes diligences neceffaires, veiller à ce que l'employ en foit bien & utilement fait fans aucun divertiffement, & empêcher la diffipation , affifter à toutes les Affemblées generales & particulieres defdites Communautez, pour y propofer & requerir ce qui fera de l'utilité publique & du bien de noftre fervice, & generalement faire tout ce qu'ont fait cy-devant les Procureurs Syndics & autres ayant pareilles fonctions dans lefdites Villes & Communautez , defquels Nous avons abrogé & abrogeons l'ufage , & à cet effet deffendons aufdites Villes & Communautez de plus élire ou nommer à l'avenir aucuns Procureurs Syndics, & à ceux cy-devant nommez par lefdites Villes & Communautez de troubler nofdits Procureurs, ni de s'immifcer dans leurs fonctions , à peine de cinq cens livres d'amende pour chacune contravention ; leur deffendons pareillement de faire & d'y tenir aucunes Affemblées qu'en prefence de nofdits Procureurs, ou eux dûëment avertis, ni prendre aucune refolution dans lefdites Affemblées que nofdits Procureurs n'ayent efté entendus, à peine de pareille amende de cinq cens livres pour chacune contravention : Deffendons à nos Avocats & Procureurs és Baillages , Sénéchauffées & autres Juftices Royales, lorfqu'ils fe trouveront aux Affemblées defdites Villes &

4

Communautez, d'y faire aucunes fonctions esdites qualitez,
& de troubler nosdits Procureurs presentement créez dans
les fonctions & exercices de leursdits Offices. Les Secretaires
& Greffiers dresseront & redigeront par écrit aux Assemblées
generales & particulieres desdites Villes & Communautez,
toutes les Déliberations qui y seront prises, écriront & assisteront à la redition & clôture des Comptes des denier-
communs, patrimoniaux & d'Octroy & y feront la fonction
de Greffier : Garderont les Minutes d'iceux, recevront &
écriront les Baux à ferme, prix fait, encheres & surdites pour
les affaires desdites Communautez, Cautionnemens, Quittances, Mandemens pour délivrance de Deniers, Procuration, Députation & Election des Officiers municipaux, &
tous autres Actes & Déliberations desdites Villes & Communautez ; Expedieront sous les Magistrats desdits Hostels de
Ville & Communautez les Bulletins des Logemens des Gens
de Guerre à pied & à cheval, toutes Certifications, Attesta-
tions, Passeports & Bulletins de Santé ; Tiendront les Livres
des Compoix ou Cadastres desdites Villes & Communautez,
& écriront & dresseront lesdits Livres de Compoix & Cadastres lorsqu'ils seront renouvellez, & generalement feront
tout ce qu'avoient accoûtumé de faire les Greffiers & Secretaires commis & préposez par lesdites Villes & Communautez : De tous lesquels Actes ils tiendront bons & fideles
Registres, qui seront gardez dans les Archives desdites Villes
& Communautez, pour y avoir recours quand besoin sera,
dont il y aura deux clefs differentes, l'une desquelles demeurera és mains de nosdits Procureurs, & l'autre en celles
desdits Greffiers qui expedieront sur l'Ordonnance des
Juges des Extraits desdits Actes dûëment collationnez &
signez d'eux, à ceux qui y auront interest en leur payant
le salaire accoûtumé, estre payé à ceux qui exercoient lesdits
Offices par Commission : Et à chaque changement de Greffier
ou Secretaire par mort, resignation ou autrement, sera fait
inventaire & description en presence de nostredit Procureur
de toutes les Minutes, Registres, Titres & Papiers estant au
Greffe, pour y estre remis en la garde de celuy qui entrera
en Charge, Deffendons au'dites Villes & Communautez de

plus commettre à l'avenir aucuns Greffiers & Secretaires, ni de passer ou faire passer aucuns Actes de la nature de ceux cy-dessus par d'autres personnes que lesdits Greffiers & Secretaires presentement créez. Faisons pareillement deffenses aux Greffiers & Secretaires commis par lesdites Villes & Communautez, de se plus immiscer à en faire les fonctions, à peine de faux & de cinq cens livres d'amende pour chacune contravention. Et pour donner moyen aux Pourvûs desdits Offices de vacquer soigneusement & sans aucun divertissement à l'exercice d'iceux, Voulons qu'ils joüissent de l'exemption de la Taille personnelle, Logement de Gens de Guerre, Tutelle, Curatelle, & autres charges publiques, Ausquels Offices presentement créez Nous avons attribué les gages qui seront par Nous reglez & compris en l'Estat que Nous en ferons arrester en nostre Conseil, à prendre par préference tant sur les deniers communs, patrimoniaux & d'Octroy desdites Villes & Communautez, que sur les fonds imposez en aucunes de nos Provinces pour les gages desdits Greffiers & Secretaires ; & au deffaut d'iceux, sur les fonds qui seront par Nous ordonnez, dont sera fait employ dans nos Estats, & desquels gages les Pourvûs desdits Offices seront payez par les Echevins, Receveurs desdites Villes & Communautez, ou autres ayant le maniement des deniers & revenus d'icelles, ou par lés Receveurs Generaux de nos Finances, sur les simples Quittances desdits Officiers, qui seront passées & alloüées sans aucune difficulté dans les comptes de ceux qui en auront fait le payement. Joüiront en outre les Pourvûs desdits Offices des mêmes Logemens dont joüissent à present lesdits Procureurs-Syndics, Greffiers & Secretaires commis par lesdites Villes & Communautez Toutes Lettres de provisions desdits Offices seront expediées & scellées en nostre Grande Chancellerie, tant sur les Quittances du Receveur de nos Revenus Casuels de la finance qui lui aura esté payée suivant les Rolles qui seront arrestez en nostredit Conseil, & des deux sols pour livre d'icelle, que sur les Quittances du Tresorier du Marc d'or, suivant le Reglement qui en sera par Nous fait. Toutes sortes de personnes : Graduez ou non Graduez, soit Officiers ou autres, pourront

ce faire pourvoir defdits Offices , & les tenir fans imcompatibilité ; & en joüiront hereditairement , fans qu'avenant leur
decés , ils puiffent eftre declarez vacans ; ains feront confervez
à leurs veuves , heritiers & ayans caufe , qui en pourront difpofer au profit de telles perfonnes capables qu'ils aviferont ,
aufquelles feront expediées & fcellées Lettres de provifion
fur les démiffions defdits Pourvûs , leurs veuves , heritiers ou
ayans caufe , fans que lefdits Offices puiffent eftre à l'avenir
declarez Domaniaux ni fujets à aucune revente , pour quelque caufe que ce foit. Les Pourvûs des Offices tant de nos
Procureurs & defdites Villes & Communautez . que de Secretaires ou Greffiers d'icelles , feront reçus & prefteront
ferment ; fçavoir dans les Villes où il y a Parlement , pardevant les Gens tenans nofdites Cours de Parlement , & dans
les autres Villes , pardevant les Officiers des Bailliages & Senechauffées., & autres nos Juges ordinaires des lieux ; aufquels chacun en droit foy , Nous enjoignons d'y proceder
incontinent & fans délay auffitoft qu'il leur fera apparu de
nos Lettres de provifion : Comme auffi Nous avons par ces
Prefentes confirmé & confirmons les Pourvûs & exerçans
les Offices de nos Procureurs & defdites Villes & Communautez , & ceux de Secretaires ou Greffiers créez par lefdites
Lettres des mois de Juillet 1622. May 1633 & Juin 1635. dans
la poffeffion & joüiffance defdits Offices , & leur avons attribué & attribuons les mêmes exemptions que celles attribuées
aux Offices de pareille nature créez par le prefent Edit , &
aux gages pour lefquels ils feront employez dans les Eftats
qui feront arreftez en noftre Confeil , à prendre fur les mêmes
fonds , en payant par eux les fommes portées par ledit Eftat.
Si Donnons en Mandement à nos amez & feaux
Confeillers les Gens tenans nos Cour de Parlement , Chambre des Comptes & Cour des Aydes à Paris , que le prefent
Edit ils faffent lire , publier & regiftrer , & le contenu en
iceluy garder & obferver de point en point felon fa forme
& teneur , fans fouffrir ni permettre qu'il y foit contrevenu
en aucune maniere , & les Pourvûs defdits Offices jouir &
ufer d'iceux pleinement & paifiblement , ceffant & faifans
ceffer tous troubles & empêchemens , nonobftant tous Edits

Déclarations, Statuts, Reglemens, Privileges, Ordonnances
Us, Stils, Coûtumes, Libertez, Lettres, & toutes autres
choſes à ce contraires, auſquelles Nous avons dérogé & dérogeons par le preſent Edit; Voulons qu'aux copies dudit
preſent Edit collationneés par l'un de nos amez & feaux Conſeillers & Secretaires, foy ſoit ajoutée comme à l'Original:
CAR tel eſt nôtre plaiſir; Et afin que ce ſoit choſe ferme &
ſtable à toûjours, Nous y avons fait mettre noſtre Scel.
DONNE' à Verſailles au mois de Juillet l'an de grace mil
ſix cens quatre-vingt-dix, & de notre Regne le quarante-
huitiéme. Signé, LOUIS : *Et plus bas*, Par le Roy,
COLBERT. Et ſcellé du grand Sceau de cire verte.

*Regiſtré, oüy, & ce requerant le Procureur General du Roy pour
eſtre executé ſelon ſa forme & teneur, & copies collationnées envoyées dans les Sieges, Bailliages & Seneſchauſſées du Reſſort,
pour y eſtre lûës publiées & enregiſtrées; Enjoint aux Subſtituts
du Procureur General d'y tenir la main, & d'en certifier la Cour
dans un mois, ſuivant l'Arreſt de ce jour. A Paris en Parlement
le 28. jour de Juillet 1690. Signé, DU TILLET.*

   Collationné à l'Original par Nous Ecuyer Conſeiller,
   Secretaire du Roy, Maiſon, Couronne de France
   & de ſes Finances.

A PARIS,

Chez la veuve SAUGRAIN, & PIERRE PRAULT, à l'entrée
du Quay de Geſvres, au Paradis.

EDIT
DU ROY, *aoust 1692*

PORTANT CREATION DE MAIRES
& Assesseurs dans les Villes & Communautez.

LOUIS par la grace de Dieu, Roy de France & de Navarre: A tous presens & à venir ; Salut. Le soin que Nous avons toûjours pris de choisir les sujets les plus capables entre ceux qui Nous ont esté presentez pour remplir la Charge de Maire dans les principales Villes de notre Royaume, n'a pas empêché que la cabale & les brigues n'ayent eu le plus souvent beaucoup de part à l'élection de ces Magistrats : d'où il est presque toûiours arrivé que les Officiers ainsi élûs, pour menager les particuliers ausquels ils étoient redevables de leur emploi , & ceux qu'ils prévoïent leur pouvoir succeder, ont surchargé les autres habitans des Villes, & sur tout ceux qui leur avoient refusé leurs suffrages : Et à l'égard des lieux où les Maires ne sont point établis, chacun de nos Juges voulant s'en attribuer la qualité &

A

les fonctions à l'exclusion des autres, [illegible]
n'a produit que des contestations en [illegible] qui ont re-
tardé l'expedition des affaires commu[illegible] de
frais de procés, & distrait ces Juges d[illegible] veritables
fonctions, pendant qu'ils s'efforçoient [illegible] celles
qui ne leur appartenoient pas & fatigue[illegible] les par
la diversité des ordres qui leur estoient don[illegible]z au même
temps sur les mêmes affaires : C'est pourquoy [n]ous avons
jugé à propos de créer des Maires en titre d[an]s toutes
les Villes & lieux de nostre Royaume, qui n['e]stant point
redevables de leurs Charges aux suffrages des particuliers,
& n'ayant plus lieu d'aprehender leurs successeurs, en
exerceront les fonctions sans passion, avec toute la liberté qui leur est necessaire pour conserver l'égalité dans
la distribution des charges publiques. D'ailleurs estant perpetuels ils seront en estat d'acquerir une connoissance parfaite des affaires de leur Communauté, & se rendront capables par une longue experience de satisfaire à tous leurs devoirs, & aux obligations qui sont attachées à leur ministere.
Et d'autant que dans les principales Villes de nostre Royaume, le grand nombre & l'importance des affaires qui sur-
viennent fort souvent, demandent le secours & l'application de plusieurs personnes d'experience & zelées pour
le bien public, Nous avons crû qu'en donnant aux Communautez un Chef ou premier Officier éclairé, Nous de-
vions en même-temps créer en titre d'Office un certain
nombre de Conseillers ou Assesseurs tirez d'entre les plus
notables Bourgeois, qui se rendant plus capables que les
autres de remplir les Charges & les fonctions d'Echevins
par la connoissance qu'ils pourront acquerir des affaires
communes, seront aussi plus en estat de soulager les Maires dans les occasions presentes. A CES CAUSES, &
autres à ce nous mouvant, & de nostre certaine science,
pleine puissance & autorité Royale, Nous avons par le
present Edit perpetuel & irrevocable, créé, érigé & étably, creons, érigeons & établissons en titre d'Office,
formé & hereditaire, en chacune Ville & Communauté

3

de noftre Royaume, Pays, Terres & Seigneuries de noftre
obéïſſance, un noftre Conſeiller, Maire de la Ville &
Communauté, a l'exception de noftre bonne ville de Paris
& de celle de Lyon, où les Prevoſts des Marchands feront
nommez en la maniere accoûtumée : jouïront leſdits
Maires des mêmes honneurs, droits & émolumens, privileges, prerogatives, rang & ſéance dont les Maires ci-
devant établis, & tous les Officiers qui en ont fait les
fonctions, ont joui, tant és Hoſtels de Ville, Aſſemblées
& ceremonies publiques, qu'autres lieux, ſous les titres
de Maires, Jurats, Conſuls, Capitouls, Prieurs, premiers
Echevins, ou autrement : Ils convoqueront les Aſſemblées
generales & particulieres eſdits Hotels de Ville où il
s'agira de l'utilité publique, du bien de noftre ſervice &
des affaires de la Communauté ; ils recevront le ferment
des Echevins, Capitouls, Jurats, Conſuls & autres pareils
Officiers, aprés qu'ils auront eſté élûs dans les Aſſemblées
tenuës és Hoſtels & Maiſons de Ville, auſquelles preſideront leſdits Maires, ſans que l'on puiſſe à l'avenir faire
ailleurs leſdites Elections. Deffendons à tous Seigneurs
des Villes & Officiers, de troubler leſdits Maires dans les
fonctions ci-deſſus, ni s'entremettre à preſider auſdites
élections & nominations, ou à recevoir le ferment deſdits
Echevins, Capitouls, Jurats, Conſuls & autres pareils
Officiers, comme auſſi nos Procureurs des Villes & Communautez créez par Edit du mois de Juillet 1690. enfemble les Greffiers d'icelles créez par le même Edit, feront
reçûs & preſteront le ferment pardevant les Maires des
Villes où il n'y a point de Parlement, à l'excluſion des
Baillifs, Senechaux & leurs Lieutenans, nonobſtant ledit
Edit, auquel Nous avons dérogé & dérogeons pour ce
regard. Preſideront leſdits Maires à l'examen, audition
& cloſture des comptes des deniers patrimoniaux, & autre
nature de deniers, qui feront rendus, par les Receveurs &
autres Officiers, de l'adminiſtration qu'ils auront eu des
deniers & affaires des Villes & Communautez ; il ne
pourra eſtre expedié par les Secretaires des Maiſons de

A ij

Ville, aucun mandement ou ordre concernant le payement des dettes & charges des Villes & Communautez,
qu'il n'ait esté signé par lesdits Maires, & ensuite par
les Echevins, Capitouls, Jurats & Consuls. Ne pourront les Officiers desdites Villes & Communautez, faire l'ouverture ni la lecture des lettres & ordres qui
leur seront adressez, sinon en la presence desdits Maires, pourvû qu'ils ne soient absens & hors desdites
Villes : ils auront une clef des Archives desdites Hostels
de Ville, ils allumeront les feux de joye, porteront
la robbe, ensemble les autres ornemens accoûtumez,
même la robbe rouge dans les Villes ou les Officiers
de nos Presidiaux ont droit de la porter : auront entrée & séance, comme députez nez de la Communauté,
aux Estats que nous faisons convoquer dans nos Provinces & Païs d'Estats, aux droits & retributions ordinaires ; & generalement feront lesdits Maires créez par
le present Edit, tout ce qui a esté fait jusqu'à present
par les anciens Maires, ou par les autres Officiers qui en
ont exercé les fonctions dans les Villes & Lieux où il n'y
a point eu de Maire, soit que lesdites fonctions ayent
esté faites par les premiers Echevins, Capitouls, Jurats,
Consuls & Syndics, ou par d'autres Officiers sous quelqu'
titre & dénomination que ce puisse estre, jouïront lesdit
Maires du titre & privilege de Noblesse dans les Villes o
il a esté par nous rétabli & confirmé, sans estre tenus, r
leurs descendans, de payer ci-aprés aucune finance pou
confirmation ou autrement, pourvû neanmoins qu'ils soier
decedez revêtus de l'Office de Maire, ou qu'ils l'ayent pos
sedé, & en ayent fait les fonctions pendant vingt années.
Voulons que lesdits Maires créez par le present Edit,
soient exempts de tutelle & curatelle, de la taille personnelle dans nos Villes taillables, de guet & garde dans toutes nos Villes, du service du ban & arriere-ban, du logement de gens de guerre, & autres charges & contributions, même des droits de tarif qui se levent dans
nos Villes abonnées, & des Octroys dans toutes nos Villes,

pour les denrées de leur provision. Connoiftront lefdits Maires avec les Echevins, Capitouls, Jurats & Confuls, de l'execution de notre ordonnance en forme de reglement du mois d'Aouft 1669. concernant les manufactures, & de toutes les autres matieres generalement dont les Maires & les Echevins, Capitouls, Jurats, & Confuls, & autres Officiers qui en ont fait les fonctions, ont droit de connoiftre & ont connu jufqu'à prefent. Faifons défenfes de plus élire & nommer à l'avenir aucuns Maires ni autres Officiers, faifant les fonctions attribuées aux Maires, à peine de nullité defdites élections & nominations ; & aux Maires & autres Officiers qui les exercent prefentement en confequence des élections cy-devant faites ou autrement, d'en faire aucune fonction un mois aprés la publication du prefent Edit. Faifons pareillement défenfes à nos Baillifs, Senefchaux & leurs Lieutenans, aux Prevofts, Vicomtes & Jugemages, Syndics, & à tous autres, de prendre à l'avenir la qualité de Maires, d'en faire aucune fonction dans les Hoftels de Ville & autres lieux, ni de troubler lefdits Maires qui feront pourvûs en vertu du prefent Edit, à peine de trois mille livres d amende : & à cet effet nous avons éteint & fupprimé, éteignons & fupprimons les anciens Maires établis dans aucunes de nos Villes, enfemble le titre & qualité de Maire prétendu par quelques Officiers ou autres perfonnes, foit en vertu de nos Lettres de provifions ou de Commiffion de Nous, lefquelles nous avons revoquées & revoquons par le prefent Edit, fauf à eftre par nous pourvû au rembourfement de ceux qui fe trouveront nous avoir payé quelque finance pour raifon de ce, ou à maintenir ceux d'entre eux que nous trouverons convenable, fur la reprefentation de leurs titres ; aufquels Offices de Maires créez par le prefent Edit, Nous avons attribué & attribuons, outre les droits dont jouiffent ceux qui font lefdites fonctions, les gages qui feront par Nous reglez & compris en l'eftat que nous en ferons arrefter en notre Confeil, à prendre par proference à toutes dettes & charges desdites Villes & Communautez, tant sur les deniers communs, patrimoniaux & d'octroy, que sur les fonds imposez en aucunes de nos Provinces pour le gages des Officiers des Villes & Communautez ; & au defaut d'iceux, sur les fonds qui seront par Nous ordonnez, dont sera fait emploi dans nos estats : desquels gages les pourvûs desdits Offices seront payez par les Receveurs des deniers patrimoniaux, communs & d'octroi, Argentiers, ou autres ayant le maniement des deniers & revenus desdites Villes & Communautez, ou par les Receveurs generaux de nos finances, sur les simples quittances desdits Maires, qui seront passées & allöüées sans aucune difficulté dans les comptes de ceux qui en auront fait le payement. Et par ce même present Edit, Nous avons créé & érigé, créons & érigeons en titre d'Office hereditaire, des Assesseurs des Prevosts des Marchands & Maires dans les Hostels de Ville de nostre Royaume, où il y a Hostel ou Maison commune ; sçavoir, douze dans l'Hostel de Ville de Paris, pareil nombre dans l'Hostel de Ville de Lyon ; & à l'égard des autres Villes, tel nombre que nous jugerons necessaire, & qui sera fixé par les estats que nous en ferons arrester en nostre Conseil. Auront lesdits Assesseurs entrée & voix déliberative dans les Hostels ou Maisons de Ville du lieu de leur établissement, & joüiront des mêmes honneurs, prerogatives, émolumens, droits, franchises & privileges dont joüissent les Conseillers de Ville & autres pareils Officiers desdites Communautez, ensemble de l'exemption du logement de gens de guerre, nonobstant tous Edits & Reglemens, ausquels nous avons derogé & derogeons pour ce regard. Voulons que lesdits Assesseurs presentement créez ayent rang aux Assemblées generales, Processions, *Te Deum*, feux de joye & autres ceremonies publiques, immediatement aprés les Echevins, Jurats, Capitouls, Consuls & autres pareils Officiers, comme estant du Corps de Ville : Qu'en l'absence, maladie u autre empeschement des Procureurs pour Nous dans

lefdits Hoftels & Maifons de Ville, le dernier reçû
defdits Affeffeurs faffe toutes les requifitions neceffaires
à l'exception néanmoins de l'Hoftel de noftre bonn
Ville de Paris, où lesSubftituts de noftre Procureur en fon
les fonctions en fon abfence ou empefchement. Et afin
qu'à l'avenir que lesCharges d'Echevins, Jurats,Capitouls
& autres femblables Officiers, foient remplies de perfon
nes capables & experimenteés, Voulons que dans no
Villes de Paris, Lyon & autres, la moitié de ceux qui fe
ront élûs & nommez aufdites Charges lors defdites élections qui fe feront annuellement en la maniere accoûtumée, foient pris dans le nombre des Affeffeurs prefen
tement créez exclufivement & privativement aux autres
habitans, à peine de nullité; enforte neanmoins que lefdits
Affeffeurs ne pourront eftre élûs aufdites Charges qu'une
fois feulement: Toutes perfonnes graduées ou non graduées, foit Officiers ou autres, pourront fe faire pourvoir
defdits Offices de Maires & Affeffeurs créez par le prefent Edit, & les tenir & exercer fans incompatibilité, &
en joüiront hereditairement, fans qu'avenant leur deceds ils puiffent eftre déelarez vacans; & feront confervez à leurs veuves, heritiers & ayant caufe, qui en pourront difpofer au profit de telles perfonnes capables qu'ils
aviferont, aufquelles feront expediées & fcellées Lettres
de provifions fur les demiffions des pourvus, leurs veuves,
heritiers & ayant caufe, fans que lefdits Offices puiffent
eftre déclarez Domaniaux ni fujets à aucune revente pour
quelque caufe que ce foit. Les pourvûs defdits Offices
de Maires feront reçûs, & prefteront le ferment pardevant les Gens tenans nos Cours de Parlement, & les
pourvûs defdits Offices d'Affeffeurs, pardevant les Prevofts des Marchands ou les Maires des Villes de leur établiffement: Aufquels chacun en droit foi, Nous enjoignons d'y proceder incontinent & fans délai, auffi-toft
qu'il leur fera apparu de nos Lettres de Provifions. Si
dans le mois du jour de la publication du prefent Edit
lefdits Offices de Maires & d'Affeffeurs n'eftoient levez

aux Revenus casuels, il sera par Nous commis aux fonctions d'iceux par commission du grand Sceau : & s'il intervient quelque contestation sur l'execution du present Edít, Voulons qu'elles soient reglées en notre Conseil auquel nous en avons reservé la connoissance, & icelle interdite à toutes nos Cours & autres Juges. SI DONNONS EN MANDEMENT à nos amez & feaux Conseillers les Gens tenant notre Cour de Parlement, Chambre des Chambres & Cour des Aydes à Paris, que notre present Edit ayent à faire lire, publier & registrer, & le contenu en icelui garder & observer, selon sa forme & teneur, nonobstant tous Edits, Declarations, Reglemens & autres choses à ce contraires, ausquels nous avons dérogé & dérogeons par ces presentes, aux copies desquelles collationnées par l'un de nos amez & feaux Conseillers & Secretaires, Voulons que foy soit ajoûtée comme à l'original ; Car tel est notre plaisir : & afin que ce soit chose ferme & stable à toûjours, nous y avons fait mettre notre scel. Donné à Versailles au mois d'Aoust l'an de grace 1691. & de notre Regne le cinquantiéme. Signé, LOUIS. Et plus bas, Par le Roy, PHELYPEAUX, Visa BOUCHERAT. Et scellé du grand Sceau de cire verte.

Regiftré, & ce requerant le Procureur General du Roy pour eftre executé felon fa forme & teneur, & copies collationnées envoyées dans les Sieges, Bailliages & Senechauffées, & au Bureau de l'Hoftel de Ville de Paris pour y eftre lûës, publiées & regiftrées ; Enjoint aux Subftituts du Procureur General d'y tenir la main, & d'en certifier la Cour dans un mois ; fuivant l'Arreft de ce jour. A Paris en Parlement, le 27 Aouft 1691. Signé, Du TILLET.

A PARIS, Chez la V. SAUGRAIN & PIERRE PRAULT, à l'entrée du Quay de Gesvres, au Paradis. 1723.

EDIT DU ROY,

Portant création des Offices de Gouverneurs Hereditaires
dans les Villes closes du Royaume.

Donné à Versailles au mois d'Aoust.

Registré en Parlement le 6. Septembr. 1696.

LOUIS par la grace de Dieu Roy de France & de Navarre:
A tous presens & à venir, SALUT. Par nostre Edit du mois
de Mars 1694. Nous avons créé dans toutes les Villes de nostre
Royaume des Offices de Colonels, Majors, Capitaines & Lieutenans de la Milice bourgeoise: Et comme il est necessaire de leur donner quelqu'Officier pour les commander en chef, & que dans la plû-
part des Villes il n'y a point de Gouverneurs établis, Nous avons re-
solu de créer des Gouverneurs en titre d'Office, & à cet effet de
revoquer tous les Brevets & Provisions de Gouverneurs que nous
pourrions avoir accordez sans gages ny appointemens employez
dans nos Etats, destinant la finance qui proviendra de la vente de
ces nouveaux Offices, aux besoins les plus pressans de nostre Etat.
A CES CAUSES, & autres à ce Nous mouvans, de nostre
certaine science, pleine puissance & autorité Royale, Nous avons
par le present Edit perpetuel & irrevocable, eteint & supprimé,
éteignons & supprimons toutes les Charges de Gouverneurs & de
Capitaines Chastelains faisans fonctions de Gouverneurs des Villes de nostre Royaume, lesquels n'ont point de Lettres de Provision ny Brevets de Nous, même ceux qui ont des Provisions ou
Brevets & qui n'ont aucuns gages ny appointemens employez sur
nos Etats: & de la même autorité, Nous avons créé & erigé, créons
& érigeons en titre d'Offices formez & hereditaires, un Gouverneur pour Nous dans chacune des Villes closes de nostre Royaume,
Païs, Terres & Seigneuries de nostre obeïssance, à l'exception de
celles où il y a des Gouverneurs par Nous établis, qui ont des pro-

vifions, & des gages & appointemens employez fur nos Etats; pour
en joüir par ceux qui feront pourveus de ces Offices , aux honneurs, rangs, féances, prééminences, prerogatives & droits dont
joüiffent les Gouverneurs établis dans les autres Villes de noftre
Royaume. Voulons qu'ils ayent pour logement le Chafteau,quand
il s'en trouvera dans les Villes de leur établiffemeut, à Nous appartenant, à l'exception de celles où il y a des Engagiftes de nos
Domaines, ou des Seigneurs particuliers : & qu'ils ayent le pas
dans lefdites Villes preferablement à toutes fortes d'Officiers,
excepté le Gouverneur & nos Lieutenans de la Province, ou du
departement dans lequel lefdites Villes feront fituées, & le Seigneur particulier (fi aucun y a) Lefdits Gouverneurs joüiront de
tous les droits honorifiques dont ont coûtume de jouir les Gouverneurs des autres villes de noftre Royaume, & pourront prendre telle place qu'ils jugeront à propos dans toutes les Affemblées
publiques & particulieres, foit à la tefte des Officiers de Juftice ,
ou du Corps de Ville, à leur choix , à la referve des Villes où
il y aura Cour fuperieure, dans lefquelles le Gouverneur marche-
ra à la tefte du Corps de Ville. Commanderont la Milice Bourgeoife de la ville de leur établiff.ment. Donneront leurs ordres
aux Colonels, Majors & Capitaines créez par noftre Edit du mois
de Mars 1694 , mefme aux Commandans & Ocieffirs de nos
Troupes qui pafferont dans lefdites Villes, lefquelles Troupes feront obligées pendant leur féjour de mettre une fentinelle à la por-
te defdits Gouverneurs. Recevront le ferment des Colonels , Majors Capitaines & Lieutenans de la Milice Bourgeoife, créez par
ledit Edit du mois de Mars 1694. Allumeront les feux de joye à
la tefte des Corps de Ville, & affifteront quand il leur plaira à
la reveuë des Troupes conjointement avec les Maires & les Commiffaires aux Reveuës, & pourront donner avis en leur particulier au Secretaire d'Etat & de nos Commandemens ayant le département de la Guerre du paffage defdites Troupes. Voulons
que lefdits Gouverneurs créez par le prefent Edit, jouiffent tant
qu'ils feront reveftus defdits Offices, des privileges de Nobleffe,
de l'exemption du fervice perfonnel, mefme de la contribution à
l'Arierreban,de Tailles, Tutelle, curatelle, & de toutes les autres
exemptions, prerogatives honneurs & privileges dont jouiffent
les Gentilshommes de noftre Royaume, fans eftre tenus de refider
dans lefdits Gouvernemens, à moins que noftre fervice ne le re-
quiere. Permettons aux Maires d'acheter les Offices de Gouver-

nenrs créez par le present Edit dans les Villes de leur établiſſement, & de les poſſeder conjointement ou ſeparément ſous une
ou pluſieurs proviſions ſans aucune incompatibilité, & en ce cas,
de jouir de tous les honneurs, prerogatives, preſéances, préeminences, droits & autres avantages attribuez à l'un & à l'autre
de ces Offices, ſans qu'ils y puiſſent eſtre troublez. Avons attribué & attribuons aux Gouverneurs créez par le preſent Edit,
deux cent quarante mil livres de gages actuels & effectifs à dé-
partir entr'eux, ſuivant les Etats qui en ſeront arreſtez en noſtre
Conſeil, & à proportion de leur finance, à raiſon du denier vingt-
cinq d'icelle: deſquels gages ils ſeront payez par les Receveurs Generaux de nos Finances, ou autres entre les mains deſquels le fonds
en ſera fait ſur leurs ſimples Quittances en la maniere accoûtumée
pour les autres Offices de noſtre Royaume. Sera par Nous pourveu auſdits Offices de Sujets capables, ſoit Nobles d'extraction,
Officiers de nos Troupes ou autres, qui les pourront tenir &
exercer ſans imcompatibilité avec tous autres Offices. Et ſeront
les Lettres de proviſion deſdits Offices expediées en noſtre grande Chancellerie ſur les Quittances de finance qui ſeront delivrées
par le Treſorier de nos revenus caſuels en conſequence des Rolles qui ſeront arreſtez en noſtre Conſeil, & ſur les Quittances du
droit de Marc d'or en la maniere accoûtumée, en payant en outre
les deux ſols pour livre de ladite finance entre les mains & ſur les
ſimples Quittances de celuy qui ſera par Nous chargé de la vente
& debit deſdits Offices, ou de ſes Procureurs & Commis ; ſur lesquelles proviſions leſdits Gouverneurs joüiront hereditairement
de leurs Offices ; & leur deceds arrivant, il y ſera pourveu ſur la
nomination de leurs veuves, heritiers ou ayans cauſe, qui pourront en diſpoſer par contrat volontaire ou autrement, au profit
de telles perſonnes capables que bon leur ſemblera. Les pourveus
deſdits Offices ſeront receus & preſteront le ſerment accoûtumé
entre les mains de noſtre tres-cher & feal Chevalier Chancelier
de France, ou pardevant nos Intendans & Commiſſaires départis
dans les Provinces & Generalitez de noſtre Royaume, ſur les
Commiſſions qui leur ſeront par luy adreſſées à cet effet. Ceux
qui preſteront leurs deniers pour acquerir leſdits Offices, auront
hypotheque & privilege ſpecial ſur iceux, ſans qu'il ſoit beſoin
de faire mention dudit Preſt dans les Quittances de finance, mais
ſeulement dans les contrats d'acquiſition. Ne pourront les gages
deſdits Gouverneurs eſtre ſaiſis par aucun autre creancier que par

ceux qui auront presté leurs deniers pour l'acquisition desdits Offices. Et s'il intervient quelques contestations sur l'execution du present Edit, voulons qu'elles soient reglées en nostre Conseil, auquel nous en avons reservé la connoissance, & icelle interdire à toutes nos Cours & Juges S I D O N N O N S E N M A N D E-M E N T à nos amez & feaux Conseillers les Gens tenans nostre Cour de Parlement, Chambre des Comptes, & Cour des Aydes à Paris, que le present Edit ils ayent a faire lire, publier & registrer, & le contenu en iceluy garder & observer selon sa forme & teneur, nonobstant tous Edits, Declarations, Ordonnances, & autres choses à ce contraires, ausquels Nous avons derogé & derogeons par ledit present Edit : C A R tel est nostre plaisir. Et afin que ce soit chose ferme & stable à toûjours, Nous y avons fait mettre nostre scel. D O N N E' à Versailles au mois d'Aoust l'an de grace mil six cens quatre-vingt-seize, & de nostre Regne le cinquante quatriéme. Signé L O U I S. *Visa*, B O U C H E R A T. Et plus bas : Par le Roy, P H E L Y P P E A U X. Et scellé du grand Sceau de cire verte.

Regiſtré, oüy & ce requerant le Procureur General du Roy, pour eſtre executé ſelon ſa forme & teneur ; & copies collationnées envoyées ès Sieges, Bailliages & Senéchauſſées du Reſſort, pour eſtre lûës, publiées & regiſtrées. Enjoint aux Subſtituts dudit Procureur General d'y tenir la main, & d'en certifier la Cour au mois. A Paris en Parlement le 6. Septembre 1696. Signé D O N G O I S.

Collationné à l'Original , par moy Conseiller. Secretaire du Roy, Maison, Couronne de France & de ses Finances.

A PARIS, Chez la veuve S A U G R A I N & P I E R R E P R A U L T Imprimeur des Fermes & Droits du Roy, Quay de Gêvres au Paradis.
1724.

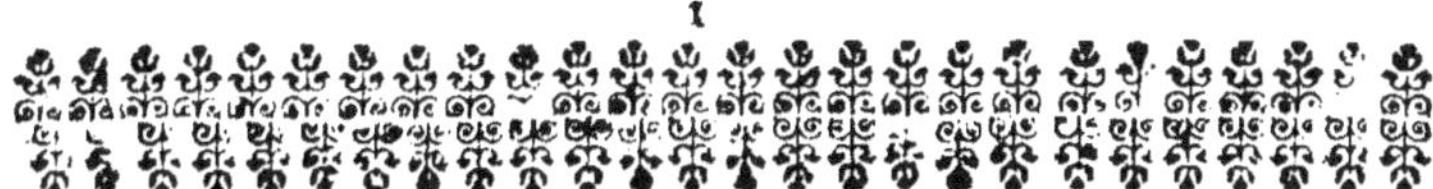

EDIT DU ROY,

*PORTANT creation d'un Lieutenant des Prevoſts des Mar-
chands des Villes de Paris & de Lion.*
*De Lieutenant des Maires des Villes & Communautez du
Royaume.*
*Et d'Aſſeſſeurs dans les Hoſtels de Villes & Maiſons Communes
du Royaume.*

LOUIS par la grace de Dieu Roy de France &
de Navarre ; A tous preſens & à venir, Salut.
Par noſtre Edit du mois d'Aouſt dernier, Nous avons
maintenu & confirmé les Maires & Aſſeſſeurs de
toutes les Villes de noſtre Royaume dans l'heredité
de leurs Offices, dont Nous leur avons par ce moyen
aſſeuré la poſſeſſion ; & comme en l'abſence des
Maires ou autres cas de legitimes empeſchemens de
leur part, les fonctions de leurs Charges, ſoit pour
l'adminiſtration des affaires des Villes & Communautez, logement de nos Troupes, & autres affaires
concernant noſtre ſervice, ſe trouvent devoluës à
des Conſuls ou Eſchevins, leſquels n'ayant que peu
de temps à demeurer dans leur employ n'y acquierent
jamais les connoiſſances neceſſaires, Nous avons jugé à propos de créer & établir en chacune deſdites
Villes des Officiers fixes & permanens pour remplir
toutes les fonctions deſdits Maires en leur abſence
meſme d'augmenter le nombre des Aſſeſſeurs créez
par noſtre Edit du mois d'Aouſt 1692. A CES CAUSES,

& autres à ce Nous mouvans, de notre certaine fcience, pleine puiffance & autorité Royale, Nous avons
par le prefent Edit perpetuel & irrevocable créé &
érigé, créons & érigeons en titre d'Office formé &
hereditaire, un Office de noftre Confeiller-Lieutenant des Prevofts des Marchands de nos Villes de Paris & Lyon, & des Maires des autres Villes & Communautez de noftre Royaume, Païs Terres & Seigneuries de noftre obeïffance, pour faire dans lefdites Villes en l'abfence ou legitime empêchement defdits Prevofts des Marchands & Maires, les mêmes
& femblables fonctions qui appartiennent aufdits
Prevofts des Marchands & Maires, même prefider
en leur abfence dans toutes les affemblées defdits
Hoftels de Ville dans lefquels ils auront entrée, rang,
fceance & voix deliberative immediatement aprés
lefdits Prevofts des Marchands & Maires; & afin que
les fonctions defdits Officiers foient reglées de maniere qu'il ne puiffe leur eftre apporté aucun trouble,
Nous avons dit, ftatué & ordonné, difons, ftatuons
& ordonnons, Voulons & Nous plaift, que les Prevofts des Marchands & Maires, & en leur abfence
lefdits Lieutenans dans toutes les Villes & Communautez de noftre Royaume, Pays, Terres & Seigneuries de noftre obeïffance, faffent les convocations de
toutes les Affemblées generales & particulieres defdites Villes & Communautez, qu'ils Prefident aufdites Affemblées, foit qu'elles foient faites pour y
traiter des affaires particulieres defdites Villes, des
adjudications de leurs revenus, impofitions de deniers, clofture des comptes des Adminiftrateurs des

biens defdites Communautez, des courfes & exercices publiques, & en quelqu'autre forte & maniere
que ce puiffe eftre. Les Maires, leurs Lieutenans,
Efchevins, Confuls, Capitouls, nos Procureurs, les
Affeffeurs & Greffiers defdits Hoftels de Ville feront
tenus de s'affembler au moins une fois la femaine pour
deliberer & ordonner des affaires municipales, fans
que fous quelque pretexte que ce puiffe eftre lefdites affemblées puiffent eftre remifes d'une femaine à
l'autre, les affemblées defdites Villes & Communautez feront faites dans celles où il n'y aura point d'Hoftel de Ville en la maifon defdits Maires, & en leur
abfence en celle defdits Lieutenans, les Fermes des
revenus defdites Villes feront adjugées au plus
offrant & dernier encheriffeur dans les affemblées de
Ville où lefdits Maires & les Lieutenans en leur abfence Prefideront, les Maires & en leur abfence les
Lieutenans feront les ouvertures des propofitions
dans toutes les Affemblées, & concluront à la pluralité des voix, & lorfqu'il y aura égalité de fuffrages,
l'avis duquel le Maire ou en fon abfence le Lieutenant aura efté, prevaudra. Recevront lefdits Maires
ou leurs Lieutenans en leur abfence, le ferment des
Efchevins, Confuls, Jurats, Capitouls & autres
Officiers de Ville des Affeffeurs, de nos Procureurs
leurs Subftituts, Greffiers, Secretaires, & tous autres Officiers Municipaux, à l'exclufion de tous autres Officiers. Les vifites qui feront renduës pour la
reception defdits Officiers feront par eux faites aufdits Lieutenans comme aux Maires ; & joüiront lefdits Maires & leurs Lieutenans en leur abfence des

bougies, sucre & autres presens que lesdits Officiers
ont accoûtumé de faire à leur reception, lesdits Lieutenans des Maires seront députez nez aux Assemblées des Estats & des Comptes generaux & particuliers de nos Provinces & Païs d'Estats en l'absence
desdits Maires, y auront sceance & voix deliberative, & joüiront des mesmes honneurs, droits, profits
& émolumens; faisons tres-expresses inhibitions &
deffenses aux Premiers Eschevins, Consuls, Capitouls; Jurats & tous autres de pretendre à ladite de-
putation au préjudice desdits Lieutenans & aux
membres qui composent lesdites Assemblées d'y recevoir & admettre d'autres deputez que lesdits
Maires, ou en leur absence leurs Lieutenans, sous
peine de desobeïssance, fors, & excepté néanmoins
celles des Villes & Communautez qui sont en droit
de nommer plusieurs deputez ausdites Assemblées, à
quoy Nous n'entendons rien innover, à la charge
neanmoins que lesdits Lieutenans seront Seconds
Deputez nez ausdits Estats; joüiront lesdits Lieutenans de tous les droits, vacations, journées, assietes,
& autres profits & émolumens attribuez ausdits Seconds Deputez, soit qu'ils soient payez par lesdites
Villes & Communautez ou par lesdits Estats, nos
Lettres de Cachet, nos Ordres ou autres Lettres &
Paquets adressans aux Maires ou Officiers de Ville,
feront ouvertes par lesdits Maires, & en leur absence par les Lieutenans dans une Assemblée qui sera
pour cet effet convoquée à l'Hostel de Ville, & ils ne
pourront y repondre qu'en conformité de ce qui sera
deliberé & arresté; les Lieutenans en l'absence des

Maires allumeront les premiers les feux de joye , &
aprés eux immediatement lorſqu'ils feront prefens ,
la reveuë des Troupes qui paſſeront par leſdites Vil-
& lieux ſera faite par les Maires conjointement avec
le Commiſſaire aux reveuës , & en l'abſence du Maire
par le Lieutenant , & le logement ſera fait en l'Hoftel de Ville par le Maire ou ſon Lieutenant en la maniere ordinaire ; Ne feront les Maires ni leurs Lieutenans reſponſables de la levée des deniers & impofitions qui feront faites ſur leſdites Villes & Communautez ni inquietez pour raiſon de ce , ſous pretexte
d'avoir afliſté ou Prefidé eſdites Aſſemblées , mais
tiendront la main à ce que le recouvrement s'en faſſe
promptement , & en cas de deffaut de payement , les
diligences & contraintes ſeront faites contre les Villes & Communautez , ſans pouvoir les exercer per-
ſonnellement contre leſdits Maires & leurs Lieutenans ; feront les Maires ou leurs Lieutenans en leur
abfence tenus de convoquer les Aſſemblées qui leur
feront demandées à la requifition de nos Procureurs;
joüiront au ſurplus leſdits Lieutenans des mêmes &
ſemblables prerogatives, preéminences, droits, fran-
chiſes, libertez, immunitez, privileges & exemptions,
dont joüiſſent leſdits Prevofts des Marchands ou
Maires , de même que fi ils avoient eſté créez par le
meſme Edit , ſans aucune exception ni difference ,
meſme de la Nobleſſe dans les Villes où elle a eſté ci-
devant attribuée aux Maires & aux Eſchevins , Capitouls ou Conſuls. Et du meſme pouvoir & autorité que deſſus , Nous avons créé & érigé, créons &
érigeons en titres formez & hereditaires des Offices

de nos Conseillers Assesseurs pour estre établis dans lesdits Hostels de Ville, & Maisons communes en nombre suffisant, suivant les Rolles qui en seront arrestez en nostre Conseil, y faire leurs fonctions conjointement & avec ceux créez par nostre Edit du mois d'Aoust mil six cens quatre-vingt douze, joüir des mesmes privileges & exemptions dont joüissent les pourveus de semblables Offices. Voulons que ceux qui seront pourveus desdits Offices d'Assesseurs, & ceux qui leur succederont ausdits Offices, soient éleus au moins une fois chacun suivant l'ordre de leur Reception pour remplir les places des Consuls, Jurats, Capitouls ou Eschevins, & declarons nulles toutes les élections qui pourroient estre faites à leur préjudice; avons attribué & attribuons tant ausdits Offices de Lieutenant desdits Prevosts des Marchands & Maires qu'ausdits Assesseurs, des gages, à raison du denier vingt de leur finance qui leur seront payez sur le revenant bon des octrois & deniers patrimoniaux des Villes & Communautez, & où il ne se trouveroit pas de fond suffisant, lesdits gages seront employez dans les estats de nos Finances, pour leur estre payez sur leurs simples quittances en la maniere ordinaire. Voulons que les pourvus desdits Offices de nos Conseillers-Lieutenans des Prevosts des Marchands, & Maires, & de Conseillers Assesseurs créez par nostre present Edit, soient receus pardevant les Prevosts des Marchands, ou les Maires des lieux de leur establissement ausquels chacun en droit soy, Nous enjoignons d'y proceder incontinent & sans délay aussi-tost qu'il leur sera appa-

ru de nos Lettres de provifions. Permettons aux
Villes & Communautez qui ont ci-devant racheté
les Offices de Maires & d'Affeffeurs de réünir pareillement ceux de Lieutenans & Affeffeurs créez par
le prefent Edit, ce qu'elles feront tenuës de faire
dans trois mois, à compter du jour de l'enregiftrement du prefent Edit, faute de quoy faire dans ledit
temps, elles en demeureront décheuës, fans que pour
quelque caufe que ce foit elles puiffent eftre receuës
à rembourfer les pourveus defdits Offices. Pourront
les Particuliers qui voudront acquerir les Offices
créez par le prefent Edit, emprunter les fommes
dont ils auront befoin pour les acquerir & les affecter
& hypotequer pour feureté defdits emprunts, fans
qu'il foit befoin d'en faire mention dans les quittances de finance, joüiront lefdits Acquereurs de l'heredité defdits Offices & des droits, privileges &
exemptions y attribuez, fans que pour raifon de ce
ils puiffent eftre tenus de payer aucun fupplement de
finance, confirmation d'heredité ni autrement, fous
quelque caufe & pour quelque pretexte que ce puiffe eftre. SI DONNONS EN MANDEMENT à nos amez
& feaux Confeillers, les Gens tenans noftre Cour de
Parlement, Chambre de nos Comptes, & Cour des
Aydes à Paris, que le prefent Edit ils faffent lire, publier & regiftrer, & le contenu en icelui garder &
obferver de point en point felon fa forme & teneur,
fans y contrevenir, ni permettre qu'il y foit contrevenu en quelque forte & maniere que ce foit, nonobftant tous Edits, Declarations, & autres chofes à
ce contraires, aufquelles nous avons dérogé & dé-

rogeons par le prefent Edit , aux copies duquel collationnées par l'un de nos amez & feaux Confeillers
& Secretaires , Voulons que foy foit ajouftée comme
à l'Original : CAR tel eft noftre plaifir ; Et afin que
ce foit chofe ferme & ftable à toûjours, Nous y avons
fait mettre noftre Scel. DONNE' à Verfailles au
mois de May , l'an de grace mil fept cens deux ; Et
de noftre Regne le foixantiéme. Signé , LOUIS ;
Et plus bas. Par le Roy , PHELYPEAUX. Vifa ,
PHELYPEAUX. Veu au Confeil , CHAMILLART. Et
fcellé du grand Sceau de cire verte , en lacs de foye
rouge & verte.

*Regiftrées , oüy , & ce requerant le Procureur General du Roy ,
pour eftre executées felon leur forme & teneur , & copies collationnées envoyées aux Bailliages , & Senéchauβées du Reffort pour y
eftre lûës , publiées & regiftrées ; Enjoint aux Subftituts du Procureur General du Roy , d'y tenir la main , & d'en certifier la Cour
dans un mois , fuivant l'Arreft de ce jour. A Paris en Parlement ,
le feiziéme Juin mil fept cent deux, Signé , DONGOIS,*

A PARIS, Chez la veuve SAUGRAIN & PIERRE PRAULT, à
l'entrée du Quay de Gêvres, au Paradis. 1722.

EDIT
DU ROY,

PORTANT Création d'Offices d'Echevins, Consuls,
Capitouls, Jurats, & autres Officiers Municipaux dans
toutes les Villes du Royaume ; & de Concierges &
& Gardes de Meubles des Hôtels de Ville, & Maisons
Communes.

Donné à Versailles au mois de Janvier 1704.

Regiſtré en Parlement le 29. Janvier 1704.

A PARIS;

Chez la Veuve. SAUGRAIN, & PIERRE PRAULT,
à l'entrée du Quay de Geſvres, au Paradis.

MDCCXXIII.   (5)

EDIT DU ROY,

PORTANT Création d'Offices d'Echevins, Confuls, Capitouls, Jurats, & autres Officiers Municipaux dans toutes les Villes du Royaume ; & de Concierges & Gardes de Meubles des Hôtels de Ville, & Maifons Communes.

Donné à Verfailles au mois de Janvier 1704.

LOUIS par la grace de Dieu Roy de France & de Navarre: A tous prefens & à venir, Salut. L'établiffement que Nous avons fait des Offices de Maires perpetuels, & leurs Lieutenans dans toutes les Villes de nôtre Roïaume s'eft trouvé fi utile pour rétablir le bon ordre dans l'adminiftration de leurs revenus, que Nous avons crû pouvoir écouter la propofition qui Nous a été faite d'ériger en titre d'Office, une partie des Places d'Echevins, Confuls, Capitouls, Jurats & autres Officiers municipaux defdites Villes, pour y faire les mêmes fonctions que font ceux qui s'élifent annuellement, & le plus fouvent par brigues & par cabales, & qui n'ayant qu'un tems trés-modique à demeurer en Charges, ne peuvent prendre qu'une fi legere connoiffance des affaires defdites Villes, que leur fervice ne peut être d'aucune utilité, Nous avons en même tems refolu de pourvoir au foulagement des Habitans defdites Villes, en retranchant un grand nombre de Privileges, que differens Particuliers fe font arrogez par abus, foit à titre de Confeillers de Ville, d'anciens Echevins ou autres femblables ; & ayant été informez qu'il a efté étably dans la plus grande partie defdites Villes des Concierges & Gardes-Meubles des Hôtels & Maifons Communes d'icelles, lefquels fous l'autorité des Officiers municipaux joüif-

A ij

fent fans aucuns titres de privileges confiderables, Nous avons
pareillement refolu d'ériger ces Places en titre d'Office , afin
qu'au moins ceux à qui Nous attribuërons des privileges con-
tribuent par la finance qu'ils Nous payeront aux befoins de
noftre Eftat. A CES CAUSES & autres à ce Nous mouvans, de
noftre certaine fcience, pleine puiffance & autorité Royale,
Nous avons par le prefent Edit perpetuel & irrevocable, créé
& érigé, créons & érigeons en titres d'Offices formez, hereditaires dans toutes les Villes & lieux de noftre Royaume, des
Echevins , Confuls, Capitouls, Jurats & autres Officiers municipaux , pour y remplir moitié defdites Places, qui ont jufqu'à prefent efté remplies par Election. Voulons qu'il ne foit
à l'avenir procedé dans toutes lefdites Villes & lieux à l'élection que de l'autre moitié defdites places , & que ceux qui
feront établis en titre precedent en tous lieux les électifs , en
forte neanmoins que dans les Villes où l'ufage eft d'en avoir
quatre , les deux Titulaires rempliffent la premiere & la troi-
fiéme place , & les électifs la feconde & la quatriéme , &
ainfi des autres Villes dans lefquelles l'ufage eft d'en avoir un
plus grand nombre. Voulons neanmoins que les Affeffeurs
créez par nos Edits des mois d'Aouft 1692. & May 1702. &
leurs fucceffeurs aufdits Offices , foient choifis à l'exclufion
de tous autres pour remplir les places qui demeurent électi-
ves , & ce jufqu'à ce qu'ils ayent tous paffé au moins une fois
dans lefdites places conformément aufdits Edits , aprés quoy
l'élection demeurera libre , ainfi qu'elle l'eftoit avant lefdits
Edits. Ordonnons en outre qu'à l'avenir , les Affemblées des
Corps de Villes ne feront compofées que du Maire, fon Lieutenant , les Echevins en Charge ou en année , les Affeffeurs,
noftre Procureur, le Greffier & les autres Officiers par Nous
créez & établis , qui ont par le titre de leur création droit
d'affifter aufdites Affemblées , abrogeons l'ufage introduit
dans aucunes defdites Villes & Communautez , à la faveur
duquel differents particuliers, foit en vertu de nos Lettres ou
de l'autorité des Gouverneurs ou Magiftrats defdites Villes,
fe font procurez l'entrée dans lefdits Hoftels de Ville , & voix
deliberative aufdites Affemblées , foit fous le titre de Confeillers de Villes , Prud'hommes, anciens Echevins ou autres

semblables, & joüissent sous ce prétexte de tous les privileges
qui n'appartiennent qu'à ceux ausquels il Nous a plû de l'attribuer; leur faisons trés expresses inhibitions & défenses d'af-
sister à l'avenir ausdites Assemblées , & aux Maires & leurs
Lieutenans & autres Officiers desdites Villes de les y recevoir,
si ce n'est comme simples habitans dans les Assemblées generales, ny souffrir qu'ils joüissent à l'avenir ausdits titres d'aucuns privileges, à peine d'interdiction de leurs Charges, & de
privation de leurs gages, laquelle peine sera declarée encouruë à la premiere contravention par les Sieurs Intendans &
Commissaires départis , ausquels Nous attribuons pour cet
effet toute Cour & Jurisdiction. Voulons en outre que dans
les lieux où les Offices de Maires, ou leurs Lieutenans ont esté
réünis au Corps des Villes & Communautez, & sont actuellement remplis par ceux qui y ont esté nommez par lesdites
Villes & Communautez, suivant la faculté que Nous leur en
avons donnée par nostre Declaration du   les
pourveus des Offices créez par le present Edit, soient éleus
au moins une fois chacun suivant leur ordre, à l'exclusion de
tous autres pour remplir & exercer lesdits Offices , & ce à
commencer dés la premiere élection qui sera faite desdits
Maires ou de leurs Lieutenans, ce que Nous entendons estre
observé pareillement en faveur de ceux qui leur succederont
ausdits Offices, comme aussi que dans nos Provinces & Païs
d'Estats où les Consuls, Jurats, ou autres Officiers municipaux
des Villes & Communautez, sont en possession d'estre deputez à la tenuë desdits Estats , la députation ne puisse estre à
l'avenir deferée qu'à ceux qui seront pourvûs des Offices créés
par le present Edit, lesquels en joüiront alternativement entr'eux , ensemble de tous les honneurs, profits & émolumens
qui y sont attachez. Joüiront les pourvûs desdits Offices des
mêmes & semblables privileges & exemptions de Tailles ,
ustancilles , logemens de gens de guerre & autres Charges
publiques dont joüissent les pourvûs des Offices de Maires ,
& leurs Lieutenans, & ne pourra l'heredité de leurs Offices
estre cy-aprés revoquée sous quelque prétexte que ce puisse
estre, ny les Titulaires sujets à aucune taxe sous prétexte de
confirmation ou autrement, en quelque sorte & maniere que

A iij

ce foit , ce que Nous entendons avoir lieu pareillement à l'é-
gard des Maires & leurs Lieutenans. Pourront les pourvûs defdits Offices, enfemble les Maires & leurs Lieutenants poffeder
tous Fiefs & Terres Nobles, fans eftre fujets au droit de franc-
fiefs ny au fervice & contribution du Ban & Arriere-Ban ,
ny leurs enfans à celuy de la Milice, & feront lefdits Offices
compatibles avec toutes fortes d'autres Charges ou Emplois ;
Voulons même que les pourvûs d'iceux puiffent faire toutes
fortes de Commerces fans déroger à leurs privileges ; & pour
donner à ceux qui font prefentement en places les moyens de
fe les perpetuer, même par preference à tous autres, Voulons
& Nous plaift qu'ils foient reçûs à acquerir lefdits Offices , à
l'exclufion de tous autres pendant l'efpace de deux mois , à
compter du jour de l'Enregiftrement de noftre prefent Edit
dans nos Cours, aprés lequel tempsils en demeureront déchûs,
fans qu'eux ny même les Communautez puiffent eftre reçûs
à rembourfer ceux qui auront efté pourvûs defdits Offices
pour quelque caufe & fous quelque prétexte que ce foit, même d'extinction & réunion aufdites Communautez. Voulons
qu'aprés ledit temps de deux mois expiré, ceux defdits Echevins, Capitouls, Confuls ou Jurats en Charge qui n'auront fait
leurs foumiffions pour l'acquifition defdits Offices, foient & demeurent depoffedez, & qu'il foit commis à leurs places par les
Sieurs Intendans & Commiffaires départis dans les Provinces,
fur la prefentation qui leur fera faite de perfonnes capables,
par celuy qui fera par Nous chargé de l'execution du prefent
Edit, fans que l'élection cy-deffus refervée aufdites Villes &
Communautez pour moitié defdites places puiffe eftre faite
qu'aprés que lefdits Offices créez par le prefent Edit auront
efté remplis, & lefdits Acquereurs d'iceux pourvûs & reçûs.
Il fera expedié aux Acquereurs defdits Offices des provifions
en noftre grande Chancellerie , fur les quittances du Receveur de nos Revenus Cafuels, des fommes aufquelles Nous
aurons fixé la finance defdits Offices par les Rôlles qui en feront arreftez en noftre Confeil, fur lefquelles provifions ils feront reçûs par lefdits Sieurs Intendans & Commiffaires départis. Nous avons pareillement par noftre prefent Edit créé &
érigé , créons & érigeons en titre d'Office formé & heredi-

taire des Concierges & Gardes de Meubles & autres uſtancils des Hoſtels de Ville & Maiſons Communes pour y faire toutes les fonctions que font actuellement ceux qui rempliſſent ces places par Commiſſion, & joüir des mêmes privileges, gages, droits, profits & émolumens dont ils joüiſſent, même d'un logement que Nous voulons leur eſtre aſſigné dans leſdits Hoſtels de Ville, & Maiſons Communes. Ne pourront les pourveus deſdits Offices de Concierges eſtre nommez Collecteurs, ny augmentez aux Tailles au delà de ce à quoy ils ſe trouvent impoſez en la preſente année, ſinon au marc la livre de l'augmentation de la Taille, & feront pareillement leurs cottes réduites à proportion des diminutions qui feront accordées auſdites Villes & Communautez; & ceux qui n'auront point eſté impoſez lors de l'acquiſition deſdits Offices, ne pourront l'eſtre cy-aprés: joüiront tous les pourveus deſdits Offices de l'heredité à eux accordée, ainſi & comme il a eſté ci-devant dit en faveur des autres Officiers créez par le preſent Edit; enſemble de l'exemption pour eux & leurs enfans du ſervice de la Milice, de tutelle, curatelle & nomination à icelle; comme auſſi des gages qui leur feront diſtribuez par les Rôlles de la finance deſdits Offices, en exercice deſquels ils feront reçûs par les Maires & autres Officiers deſdites Villes & lieux où ils feront établis. Permettons à ceux qui acquereront les Offices créez par le preſent Edit, d'emprunter les ſommes neceſſaires à cet effet, & d'affecter par privilege leſdits Offices, pour ſeureté des emprunts, auquel effet mention fera faite deſdits emprunts dans les quittances du Receveur de nos Revenus Caſuels. Voulons qu'il ſoit fait fonds dans les Eſtats de Recettes generales de nos finances de ſix vingt mil livres de gages effectifs, pour eſtre repartis entre tous les Officiers créez par le preſent Edit, ſuivant les Rôlles qui feront arreſtez en nôtre Conſeil, leſquels gages Nous avons à cet effet créez, & à eux attribuez par noſtre preſent Edit, & ce à raiſon du denier dix-huit de leur finance principale, & ne pourront les gages & droits appartenans auſdits Offices eſtre ſaiſis par aucuns créanciers, ſi ce n'eſt par ceux qui auront preſté leurs deniers pour en faire l'acquiſition. SI DONNONS EN MANDEMENT à nos amez & feaux Conſeillers les Gens tenant noftre Cour de Parlement , Chambre de nos Comptes, & Cour des Aydes à Paris, que nôtre prefent Edit ils ayent à faire lire , publier & regiftrer, & le contenu en iceluy garder & obferver felon fa forme & teneur, fans y contrevenir ni permettre qu'il y foit contrevenu en quelque forte & maniere que ce foit , nonobftant tous Edits, Declarations, & autres chofes à ce contraires , aufquelles Nous avons derogé & dérogeons par le prefent Edit, aux copies duquel collationnées par nos amez & feaux Confeillers-Secretaires , Voulons que foy foit ajoûtée comme à l'Original: CAR tel eft nôtre plaifir. Et afin que ce foit chofe ferme & ftable à toûjours , Nous y avons fait mettre nôtre Scel. DONNE' à Verfailles au mois de Janvier, l'an de grace mil fept cent quatre; & de nôtre Regne le foixante-uniéme. Signé, LOUIS ; *Et plus bas*, Par le Roy, PHELYPEAUX. *Vifa*, PHELYPEAUX. Veu au Confeil, CHAMILLART. Et fcellé du grand Sceau de cire verte , en lacs de foye rouge & verte.

Regiftrées , oüy, & ce requerant le Procureur General du Roy , pour eftre executées felon leur forme & teneur , & copies collationnées envoyées aux Bailliages, & Senechauffées du Reffort, pour y eftre lûës, publiées & regiftrées ; Enjoint aux Subftituts du Procureur General du Roy d'y tenir la main , & d'en certifier la Cour dans un mois, fuivant l'Arreft de ce jour. A Paris en Parlement le vingt-neuviéme Janvier mil fept cent quatre. Signé , DONGOIS.

EDIT DU ROY,

Portant Création des Offices de Contrôlleurs des Greffiers des Hostels de Ville, Greffiers de l'Ecritoire, & Commissaires aux Revuës.

Donné à Versailles au mois de Janvier 1704.

Regiftré en Parlement le 8. Fevrier, Chambre des Comptes le 21. dudit mois, & Cour des Aydes le 3. Mars 1704.

LOUIS PAR LA GRACE DE DIEU, ROY DE FRANCE ET DE NAVARRE : A tous presens & à venir, SALUT. Nous avons toûjours ainsi que les Rois nos Prédecesseurs, pris un soin particulier de donner les moyens aux Hôtels des Villes & Maisons Communes de nostre Royaume, de faire les dépenses necessaires & ordinaires, même de payer leurs dettes, pourquoy de temps en temps & suivant les besoins desdites Villes & Communautez, il leur auroit esté accordé des Octrois & autres Impositions, biens & revenus ; mais ayant reconnu qu'il se commettroit des abus considerables dans l'administration des affaires, biens & revenus desdits Hostels de Villes & Maisons Communes qui procedoient de ce que ceux qui en avoient le soin, n'estoient que pour un temps dans les Charges ; le feu Roy nôtre trés-honoré Sei-

(6)

gneur & Pere auroit par ſes Edits des mois de Juillet 1622. May 1633. May 1634. Juin 1635. & Fevrier 1640. créé des Offices de ſes Conſeillers Procureurs , & de Greffiers & Contrôlleurs dans leſdits Hoſtels de Ville & Maiſons Communes , leſquels Edits n'ayant pas eu leur execution , Nous aurions par noſtre Edit du mois de Juillet 1690. tout de nouveau créé leſdits Offices de nos Conſeillers-Procureurs & Greffiers deſdits Hoſtels de Villes & Maiſons Communes, leſquels ont eſté établis, & dont Nous reconnoiſſons tous les jours l'utilité & les avantages ; & d'autant que les Fonctions des Controlleurs des Greffiers qu'on a obmis de créer en même temps, ne ſont pas moins neceſſaires que celles des Greffiers , & que l'établiſſement des Offices de Controlleurs a eſté cy-devant ordonné dans tous les Greffes des Villes, Bourgs & Communautez de nôtre Royaume , par la Declaration de nôtre trés-honoré Seigneur & Pere du dernier Fevrier 1640 , que même leſdites Fonctions ſont neceſſaires pour ce qui regarde les Greffiers de l'Ecritoire, & les Commiſſaires aux Revûës & Logement de Gens de Guerre créez par nos Edits des mois de Decembre 1690. Aouſt 1692. & Mars 1696. & que les Ouvrages publics qui ſe font aux dépens des revenus deſdites Villes & Communautez ont beſoin d'inſpection, laquelle con-vient auſdits Contrôlleurs. A CES CAUSES, aprés avoir fait mettre cette affaire en déliberation en nôtre Conſeil, de l'avis d'iceluy & de noſtre certaine ſcience, pleine puiſſance & autorité Royale, Nous avons par le preſent Edit perpetuel & irrévocable , créé, érigé & étably, créons, érigeons & établiſſons en titre d'Office formé

& hereditaire en chacun des Hoftels de Ville & Maifons Communes de noftre Royaume, Païs, Terres &
Seigneuries de nôtre obéïffance , un nôtre Confeiller-
Contrôlleur des Greffes defdits Hoftels de Villes & Maifons Communes des Greffes de l'Ecritoire , & des Commiffaires aux Revûës & Logemens des Gens de Guerre,
pour par les Pourvûs defdits Offices de Contrôlleurs,
contrôller tous les Actes des Greffiers des Villes & Communautez, concernant la Police , la Juftice Civile &
Criminelle des lieux où elle appartient aufdites Villes
& Communautez, reddition des Comptes des deniers
communs, patrimoniaux & d'Octrois, Baux à Fermes
& Adjudications , Cautionnemens , & generalement
tout ce qui concerne lefdites Villes & Communautez,
& Greffes d'icelles , fans que les Greffiers des Villes ,
Clercs & Commis puiffent délivrer aucunes Minuttes,
'Groffes ny Expeditions d'aucun Acte, en quelque forte & maniere que ce foit, qu'ils ne foient controllez , &
les Droits payez à peine de cent livres d'amende pour
chacune contravention, payable moitié audit Controlleur, & l'autre moitié à l'Hofpital du lieu où ladite contravention arrivera , & de tous dépens, dommages &
interefts , affifteront lefdits Controlleurs aux Revûës
& Logemens des Gens de Guerre , conjointement avec
les Commiffaires aux Revûës créez par noftre Edit du
mois d'Aouft 1692. & controlleront les Billets de Logemens, & les Certificats des Revûës qui font mis au
bas des Copies des Routes, & qui doivent eftre délivrez aux Entrepreneurs des Eftapes; controlleront pareillement toutes les Expeditions des Greffiers de l'E-

critoire créez par nofdits Edits des mois de Decembre 1690. & Mars 1696. Voulons pareillement que lefdits Controlleurs affiftent aux Adjudications qui feront faites des Ouvrages publics, comme Maifons, Ponts, Pavez, Acqueducs, Fontaines, & generalement tous autres Ouvrages qui font faits aux dépens des biens & revenus des Villes & Communautez de leur établiffement à la Reception defdits Ouvrages, même qu'ils ayent infpection fur le travail des Entrepreneurs & Ouvriers, fans qu'il puiffe en eftre adjugé ny reçû aucuns qu'en la prefence defdits Controlleurs, & qu'ils n'ayent controllé lefdites Adjudications & Procés verbaux de Reception, à peine de radiation des payemens dans les comptes des Receveurs & autres ayant le maniement des deniers publics, lefquels Controlleurs tiendront des Regiftres pour enregiftrer en fubftance & fommairement les Actes & Expeditions qu'ils controlleront, aufquels Controlleurs prefentement créez, Nous avons attribué & attribuons moitié des Droits que perçoivent les Greffiers des Hoftels de Ville & Maifons Communes, & Greffiers de l'Ecritoire, & cinq fols pour chacune route comme aux Commiffaires aux Revûës, le tout outre & pardeffus les Droits defdits Greffiers & & Commiffaires, & fans diminution d'iceux, lefquels Droits feront payez aufdits Controlleurs ; Sçavoir, pour ce qui regarde les Greffes par les Parties qui font tenuës des Droits defdits Greffiers ; Et à l'égard des cinq fols pour chacune route par les Prépofez pour la Fourniture des Eftapes qui les employeront en dépenfe dans les Eftats de liquidation defdites Eftapes, ainfi que les cinq fols defdits Commiffaires ; & pour leur donner moyen de vaquer aufdites fonctions avec plus d'affiduité, Nous avons attribué & attribuons aufdits Controlleurs outre lefdits Droits, trente-fept mil cinq cens livres de Gages actuels & effectifs par chacun an à répartir entr'eux, & à prendre moitié fur les Recettes generales de nos Finances ou des Domaines & Bois, & dont l'employ fera fait dans lefdits Eftats, & l'autre moitié fur les revenus des Villes & Communautez de leur établiffement, & où lefdits revenus feront entiere-ment employez & confommez, il y fera par Nous pour-vû. Joüiront lefdits Controlleurs comme les Secretaires-Greffiers des mêmes honneurs, rangs, feances, immé-diatement aprés eux dans toutes les Affemblées gene-rales & particulieres defdites Villes & Communautez de l'Exemption de Taille perfonnelle, Uftencile, Loge-ment de Gens de Guerre, Guet & Garde, Tutelle, Cu-ratelle & autres Charges publiques, aufquels Offices de Controlleurs il fera par Nous pourvû par Provifions qui feront expediées & fcellées en noftre Grande Chancel-lerie, tant fur les Quittances du Receveur de nos Reve-nos Cafuels de la Finance qui luy aura efté payée fui-vant les Rolles qui feront arreftez en noftre Confeil, que fur celles des deux fols pour livre de celuy qui fera par Nous chargé de la Vente defdits Offices, & fur celle du Treforier du Marc-d'Or, fuivant le Reglement qui en fera par Nous fait. Toutes fortes de Perfonnes gra-duées ou non-graduées, foit Officiers ou autres, pour-ront fe faire pourvoir defdits Offices, & les tenir & exer-cer fans incompatibilité, & en joüiront hereditairement,

fans qu'avenant leur .decés ils puiffent eftre declarez vacans , au contraire feront confervez aux veuves, enfans,
heritiers & ayans caufes qui en pourront difpofer au
profit de telles perfonnes capables que bon leur femblera , aufquelles feront expediées & fcellées Lettres de
Provifions fur les démiffions defdits Pourvûs , leurs
veuves , heritiers ou ayans caufes , & fans qu'ils puiffent eftre à l'avenir taxez fous prétexte de confirmation
d'heredité, fupplément de Finance, ny fous aucun autre
prétexte que ce foit , ny eftre declarez domaniaux, &
fujets à aucune vente & revente ; feront lefdits Controlleurs reçûs,& prêteront le Serment devant les Maires des
Villes , ou leurs Lieutenans , ou premier Echevin, Jurats , Confuls, Capitouls, ou autres Officiers de Villes
& Communautez , le tout fans frais , aufquels Nous
enjoignons d'y proceder incontinent & fans délay auffi-
tôt qu'il leur fera apparu de nos Lettres de Provifions.
Permettons à ceux qui voudront acquerir lefdits Offices,
d'emprunter les deniers neceffaires , fans eftre obligez
d'en faire mention & declaration dans les Quittances
des Finances , & auront les Prêteurs privilege & hipo-
teque fpecial, & par preference à tous autres creanciers
fur lefdits Offices, pourvû que leur creance foit juftifiée
par Contract ou Obligation qui en faffe mention ex-
preffe, & qui foit anterieure aux Quittances de Finance.
Voulons qu'en attendant la Vente defdits Offices, il foit
commis à l'exercice & fonctions d'iceux par celuy qui
fera par Nous chargé de l'Execution du prefent Edit.,
lefquels Commis feront reçûs fans frais par lefdits
Maires, Echevins, Jurats, Confuls, Capitouls, & au-

7

tres Officiers defdites Villes & Communautez, & joüiront lefdits Commis tant qu'ils exerceront lefdits Offices des mêmes droits, privileges, exemptions, franchifes, rangs & féances, que ceux qui feront pourvûs defdits Offices. SI DONNONS EN MANDEMENT
à nos amez & feaux Confeillers les Gens tenans noftre
Cour de Parlement, Chambre des Comptes, & Cour des
Aydes, que noftre prefent Edit ils ayent à faire lire,
publier & regiftrer, & le contenu en iceluy garder &
obferver felon fa forme & teneur, nonobftant tous Edits,
Declarations, Ordonnances, Reglemens, & autres
chofes à ce contraires, aufquels Nous avons dérogé &
dérogeons par noftre prefent Edit, aux Copies duquel
collationnées par l'un de nos amez & feaux Confeillers-
Secretaires, Voulons que foy foit ajoûtée comme à l'O-
riginal: CAR tel eft nôtre plaifir; & afin que ce foit chofe
ferme & ftable à toûjours, Nous y avons fait mettre
noftre Scel. DONNE' à Verfailles au mois de Janvier,
l'an de grace mil fept cens quatre, & de noftre Regne
le foixante-uniéme. Signé, LOUIS; *Et plus bas*, Par
le Roy, PHELYPEAUX. *Vifa*, PHELYPEAUX.
Vû au Confeil, CHAMILLART. Et fcellé du grand
Sceau de cire verte, en lacs de foye rouge & verte.

*Regiftrées, Oüy & ce requerant le Procureur General du
Roy, pour eftre executées felon leur forme & teneur, & Copies
collationnées envoyées aux Bailliages & Senéchaßées du Reffort,
pour y eftre lûës, publiées & regiftrées. Enjoint aux Subftituts
du Procureur General du Roy d'y tenir la main, & d'en certifier la Cour dans un mois, fuivant l'Arreft de ce jour. A Paris
en Parlement le huitiéme Fevrier 1704. Signé, DONGOIS.*

Regiſtrées en la Chambre des Comptes , Oüy & ce requerant le Procureur General du Roy , pour eſtre executées ſelon leur forme & teneur , les Bureaux aſſemblez le vingt-un Fevrier mil ſept cens quatre. Signé , RICHER.

Regiſtrées en la Cour des Aydes , Oüy & ce requerant le Procureur General du Roy , pour eſtre executées ſelon leur forme & teneur , & ordonné que Copies collationnées des Preſentes Lettres en ſeront inceſſamment envoyées és Sieges des Elections du Reſſort de ladite Cour , pour y eſtre lûès , publiées & regiſtrées les Audiences tenant ; Enjoint aux Subſtituts dudit Procureur General d'y tenir la main , & de certifier la Cour de leur diligences au mois. A Paris les Chambres aſſemblées le trois Mars mil ſept cens quatre. Signé , ROBERT.

Collationné à l'Original par Nous Ecuyer Conſeiller-Secretaire du Roy, Maiſon, Couronne de France & de ſes Finances.

A PARIS,

Chez la V. SAUGRAIN ET PIERRE PRAULT , à l'entrée du Quay de Gêvres, au Paradis , 1722.

EDIT

DU ROY,

PORTANT création des Offices de Maires & de Lieutenans de Maires alternatifs & triennaux , & Reglement general concernant les Droits , Privileges, Exemptions, , Fonctions, Rangs, Séances, Honneurs, Prerogatives à eux attribuez , & aux anciens Offices créez par les Edits d'Aoust 1692. de May & Aoust 1702.

Donné à Versailles au mois de Decembre 1706.

A PARIS,

Chez la Veuve SAUGRAIN & PIERRE PRAULT , à l'entrée du Quay de Gesvres, au Paradis.

M. DCC. XXIII.

EDIT DU ROY,

Portant création des Offices de Maires & de Lieutenans de Maires alternatifs & triennaux, & Reglement general concernant les droits, privileges, exemptions, fonctions, rangs, séance honneurs, prérogatives à eux attribuez, & aux anciens Offices créés par les Edits d'Aoust 1692. May & Aoust 1702.

Donné à Versailles au mois de Decembre 1706

Regiſtrée en Parlement le trente Janvier 1707.

LOUIS par la grace de Dieu Roy de France & de Navarre : A tous preſens & à venir , Salut. Par nos Edits des mois d'Aouſt 1692. May & Aouſt 1702. Nous avons créé des Offices de nos Conſeillers-Maires perpetuels & de leurs Lieutenans dans toutes les Villes & lieux de noſtre Royaume , dont l'établiſſement à eſté tres-utile pour l'execution de nos ordres, & pour l'adminiſtration des affaires publiques & particulieres deſdi es Villes, mais comme leurs fonctions ſont depuis augmentées & qu'elles augmentent encore journellement par les frequens paſſages de nos Troupes, & la confection des rolles des deniers à impoſer ſur les Habitans deſdites Villes, & que Nous ſommes d'ailleurs informé que pluſieurs d'entre-eux ſont pourvûs d'autres Offices qui les empeſchent de remplir les fonctions de ceux de Maires & de leurs Lieutenans avec toute l'application qu'ils doivent, & les obligent ſouvent à s'abſenter, dont noſtre ſervice & les affaires des Villes & Communautez ſouffrent conſiderablement, Nous avons écouté volontiers la propoſition qui Nous a eſté faite de créer des Maires & Lieutenans de Maires alternatifs & triennaux, pour en faire alternativement les fonctions avec les anciens Et afin qu'ils ne ſouffrent point de cette nouvelle création : Nous avons reſolu, non ſeulement de les rétablir par un nouveau Reglement general dans tous leurs droits, privileges, exemptions, fonctions, rangs, ſéances, honneurs & prérogatives auſquels il pourroit avoir eſté donné quelque atteinte depuis leur création, mais meſme de réunir à leurs Offices la moitié de celui du triennal, pour y eſtre joint & uni à toûjours, & ne compoſer qu'un ſeul & meſme corps d'Office, ſous le titre d'ancien & my-triennal, ſans que pour raiſon de ladite réunion & rétabliſſement de privileges, ils ſoient tenus de Nous payer aucune nouvelle finance. A CES CAUSES, & autres à ce Nous mouvans, de l'avis de noſtre Conſeil, & de noſtre certaine ſcience, pleine puiſſance & autorité Royale, Nous avons par noſtre preſent Édit perpetuel & irrevocable, créé, érigé & établi, créons, érigeons & établiſſons en titre d'Offices formez & hereditaires, un Office de noſtre Conſeiller-Maire perpetuel, & un pareil Office de noſtre Conſeiller-Lieutenant dudit Maire alternatifs & triennaux dans chacune deſdites Villes & Communautez de noſtre Royaume, Païs, Terres & Seigneuries de noſtre obeïſſance, à l'exception toute-fois de noſtre bonne Ville de Paris & de celle de Lyon pour les Offices de Maires ſeulement, pour eſtre leſdits Offices exercez alternativement, avec ceux qui ſont ou ſeront pourvûs de pareils Offices, en execution de nos Édits des mois d'Aouſt 1692. May & Aouſt 1702. ſous le titre d'alternatifs & my-triennal, & auſquels anciens Offices Nous avons par noſtre preſent Edit réuni & réuniſſons l'autre moitié dudit Office triennal, pour ne compoſer qu'un ſeul & meſme Corps d'Office ſous le titre d'ancien & my-triennal, ſans que pour raiſon de ce ils ſoient obligez de Nous payer aucune finance, dont Nous les avons déchargez & déchargeons pour toûjours par le preſent Edit. Ceux qui acquereront leſdits Offices de Maires & de Lieutenans alternatifs & my-triennaux preſentement créez, ou qui en feront les fonctions en attendant la vente, entreront en exercice l'année prochaine 1707. les jours auſquels ont accouſtumé d'eſtre faites les nominations & élections des Maires & Eſchevins en chacune Ville & Communauté, pour continuer à l'avenir alternativement avec leſdits Maires & leurs Lieutenans anciens & my-triennaux d'année en année. Les pourvûs deſdits Offices tant anciens qu'alternatifs, leurs Succeſſeurs ou ayans cauſe, ne pourront à l'avenir ſous quelque pretexte que ce ſoit eſtre rembourſez du prix de leurs Offices par les Villes, Communautez & Pays d'Etats de leur établiſſement, non plus que par les Seigneurs

aufquels Nous en avons accordé cy-devant la faculté &
qu'en tant que befoin eft ou feroit, Nous avons révoqué &
revoquons par le prefent Edit, joüiront tous lefdits Maires, &
leurs Lieutenans, tant anciens & my-triennaux, qu'alternatifs
& my-triennaux, foit qu'ils foient en exercice ou hors d'exercice,
de l'exemption de la taille perfonnelle dans nos Villes taillables, d'uftancile, de la collecte, du fel dans les Païs d'impoft,
tutelle, curatelle, nomination à icelles, logement de gens
de guerre, contribution à iceux, guet & garde, & de toutes
autres charges de Ville & de Police, enfemble du droit de
franc-fiefs, du fervice du ban & arriere-ban, & contribution
d'icelui, & leurs enfans du fervice de la milice, à l'effet de tous
lefquels privileges & exemptions, Nous dérogeons à nos Edits
& Declarations des mois d'Aouft 1705. & Septembre 1706.
Joüiront pareillement tous lefdits Maires & leurs Lieutenans,
tant en exercice, que hors d'exercice, de l'exemption des
droits d'entrées, tarifs & d'octrois dans les Villes de leurs
établiffement pour les denrées de leur confommation. Ne
pourront les pourvûs defdits Offices de Maires & de leurs
Lieutenans, tant en exercice que hors d'exercice, eftre contraints par voye de folidité pour les dettes, charges & affaires
de Communautez de leur établiffement, à la charge par eux
de faire leurs diligences pendant les années de leurs exercices
lors qu'il en feront requis. Joüiront lefdits Maires & leurs
Lieutenans alternatifs & my-triennaux du titre & privilege de
Nobleffe dans les Villes où il a efté par Nous rétabli & confirmé aux Maires & leurs Lieutenans anciens, fans eftre tenus ni
leurs defcendans de payer cy-aprés aucune finance pour confirmation ou autrement, dont Nous les déchargeons pour toûjours, pourvû neanmoins qu'ils foient decedez revêtus defdits
Offices, ou qu'ils les ayent poffedez & en ayent fait les fonctions
pendant vingt années. Dans les Païs d'Eftats lefdits Maires ou
en leur abfence leurs Lieutenans, tant anciens & my-triennaux, qu'alternatifs & mi-triennaux, pendant l'année de leur
exercice, auront entrée, féance & voix déliberative aux
affemblées generales defdits Eftats; & attendu que plufieurs
Villes & Communautez de noftre Province de Languedoc ont
réuni à leur Corps les Offices de Maires créez, par noftre

Edit du mois d'Aouſt 1692. Voulons que ceux qui ſe feront pourvoir des Offices de Maires alternatifs deſdites Villes, & Communautez ſoient dans l'année de leur exercice Députez nez aux aſſemblées des Eſtats de ladite Province, & joüiſſent des montres & journées de ladite députation, des livrées conſulaires, & autres retributions que leſdites Villes & Communautez ont couſtume de donner au premier Conſul, ſans que leſdites Villes & Communautez puiſſent nommer aucuns autres Députez auſdites aſſemblées que les Maires créez par le preſent Edit, chacun dans l'année de leur exercice. Voulons auſſi que leſdits Maires alternatifs faſſent leurs fonctions & joüiſſent deſdites retributions dans l'année de leur exercice alternativement avec ceux qui ſont actuellement pourvûs des Offices créez par noſtre Edit du mois d'Aouſt 1692. & ſera par Nous pourvû au rembourſement de la moitié de la finance & des deux ſols pour livre payez par leſdits anciens Maires, pour l'acquiſition deſdites montres, journées & livrées conſulaires, ſuivant la liquidation qui en ſera faite par le Sieur de Baſville, Intendant de ladite Province, ſur les quittances qu'ils repreſenteront de la finance qu'ils juſtifieront avoir payée pour raiſon deſdites retributions, deſquelles ils joüiront juſqu'à leur entier rembourſement. Joüiront pareillement leſdits Maires & leurs Lieutenans, les années de leurs exercice, de tous les gages de Ville, profit, émolumens & autres droits de quelque nature & qualité qu'ils ſoient, dont joüiſſoient ceux qui faiſoient les fonctions de Maires avant noſtre Edit du mois d'Aouſt 1691. ſoit qu'elles fiſſent ſous le titre de Maires Syndics, premier Echevins, Jurats, Conſuls, Capitouls, ou ſous tel autre que ce puiſſe eſtre. Convoqueront leſdits Maires pendant l'année de leur exercice, ou en leur abſence leurs Lieutenans à l'excluſion de tous Officiers, ſoit Royaux ou de Seigneurs, Eſchevins, Conſuls, Jurats & de tous autres Officiers, meſme à l'excluſion des Seigneurs Laïques ou Eccleſiaſtiques, toutes les aſſemblées tant generales que particulieres des Habitans deſdites Villes & Communautez, toutefois & quantes qu'ils jugeront que noſtre ſervice ou le bien des affaires de la Communauté le requereront, & en donneront avis aux Echevins qui ne pourront ſous quelque pretexte que ce ſoit en convoquer

aucune de leur chef, mais seulement donner avis aufdits Maires ou en leur abfence à leurs Lieutenans, de la neceffité qu'il
y aura de le faire, lefquels ne pourront s'en difpenfer lors qu'elles leur feront unanimement demandées. Convoqueront pareillement, lefdits Maires en exercice, ou en leur abfence leurs
Lieutenans, feuls & a l'exclufion de tous autres, les affemblées
qui devront eftre faites pour les élections & nominations des
Echevins ou Confuls, Affeffeurs, & Collecteurs des Tailles aux
jours & heures accouftumées, comme auffi celles pour la
direction des Hôpitaux & Hoftels-Dieu, l'élection des Adminiftrateurs & l'œconomie des aumônes, dans les Villes &
lieux où la direction & nomination avant la création defdits
Maires avoit couftume d'eftre faite par les Officiers du Corps
defdites Villes. Toutes les fufdites affemblées fe tiendront
dans les Maifons de Ville, & en cas qu'il n'y en ait point dans
celles defdits Maires en exercice, ou en leur abfence, dans
celles de leurs Lieutenans. Prefideront feuls lefdits Maires en
exercice & en leur abfence leurs Lieutenans, avec voix déliberative à toutes les affemblées qui fe tiendront dans lefdits
Hoftels de Ville ou dans leurs maifons au deffaut d'Hoftel de
Ville, & y feront toutes les propofitions qu'ils jugeront con-
venables, foit pour noftre fervice ou pour l'intereft des Communautez. Faifons deffenfes aux Prefidens, Lieutenans Generaux de nos Prefidiaux, Bailliages, à tous Seigneurs particuliers, leurs Officiers, & à toutes perfonnes de quelque qualité & condition qu'elles foient, de leur donner pour raifon
de ce aucun trouble ni empefchement, & d'affifter aufdites
affemblées que comme principaux Habitans, fans pouvoir y
faire aucunes fonctions directement ni indirectement, &
pafferont les nominations & déliberations qui feront faites &
prifes dans lefdites affemblées à la pluralité des voix, & feront
fignées par lefdits Maires ou leurs Lieutenans lors qu'ils y auront prefidé ; & en cas que les voix & les fuffrages fe trouvent partagez, pafferont les nominations & les déliberations à l'avis dont aura efté le Maire ou fon Lieutenant, s'il y a
prefidé, ainfi qu'il eft ordonné par noftre Edit du mois de
May 1702. lefdits Maires en exercice, ou en leur abfence
leurs Lieutenans, recevront le ferment des Echevins, de

A ij

nos Procureurs , leurs Subſtituts , Greffiers & Aſſeſſeurs , Receveur des deniers patrimoniaux, dons & d'oĉtrois, Garde-ſcels , Controlleurs des Greffes & des deniers patrimoniaux , dons & d'octrois , comme auſſi des Colonels , Majors , Capitaines , Lieutenans des Bourgeois & autres Officiers municipaux , tant en titre que par élection , dans les aſſemblées qui ſeront pour cet effet convoquées és Hoſtels ou Maiſons de Villes , & procederont enſuite à leur reception & inſtalation , Faiſons défenſes tant à nos Officiers qu'à ceux des Seigneurs , d'en prendre connoiſſance , non plus que des conteſtations & difficultez qui pourroient naiſtre , tant pour le rang & ſéance deſdits Echevins & autres Officiers municipaux qu'autrement , leſquelles ſeront décidées par les Maires , leurs Lieutenans , Echevins , & Aſſeſſeurs , lors qu'ils n'auront pas d'intereſt au cas dont il pourra s'agir ; comme auſſi pourront leſdits Maires en exercice ou leurs Lieutenans en leur abſence, informer des brigues , monopoles , ſéditions & autres troubles qui pourroient ſe commettre dans leſdites aſſemblées , le tout avec leſdits Echevins , & feront leſdites Sentences & Jugemens executez par proviſion & ſans préjudice de l'appel , qui n'en pourra eſtre relevé qu'au Parlement du Reſſort. Preſideront pareillement leſdits Maires en exercice , ou en leur abſence leurs Lieutenans , avec voix déliberative , à la confeĉtion des Rolles des tailles , d'uſtancile , capitation , & autres impoſitions ordinaires & extraordinaires , de quelque nature qu'elles ſoient , que Nous voulons & entendons eſtre faits dans les Hoſtels de Ville , & à l'adjudication des bois taillis & baux à ferme des deniers patrimoniaux, comme auſſi leſdits Maires ou en leur abſence leurs Lieutenans, preſideront ſeuls avec voix deliberative à l'adjudication des baux au rabais de la fourniture des lanternes & chandelles, des réparations, refeĉtions & décorations des murs , places publiques des Villes , & generalement à tous les baux ordinaires & extraordinaires, dont les fonds ſont pris & payez ſur les deniers patrimoniaux, dons & d'octrois deſdites Villes & Communautez ou par les Habitans , à l'examen & cloſture des comptes des Receveurs deſdits deniers patrimoniaux & autres revenus municipaux, & des Collecteurs des impoſitions levé es ſur leſdites Communautez pour furvenir à quelque dépenfe extraordinaire , de quelque nature qu'elles puiffent eftre, lefquels comptes feront rendus en la forme preferite par les Arrefts & Reglemens de noître Confeil dans les Hoftels de Ville , en prefence des Echevins & autres Officiers ayant droit d'y affifter , trois mois aprés la collecte finie ou l'année de la recette échuë , à peine d'y eftre contraints en vertu des Ordonnances defdits Maires ou de leurs Lieutenans en leur abfence , lefquelles feront executées nonobftant oppofitions ou appellations quelconques & fans préjudice d'icelles. Préfideront encore lefdits Maires en exercice ou en leur abfence leurs Lieutenans aux auditions des comptes des Hôpitaux & Hoftels Dieu , qui ont couftume d'eftre arreftez dans les Hoftels de Ville & par tout ailleurs , fi lefdits Hôpitaux ou Hoftels-Dieu font de fondation defdites Villes & Communautez , & que la nomination des Adminiftrateurs en appartienne au Corps de Ville , ou que ce foit pardevant les Officiers dudit Corps de Ville que lefdits comptes ont couftume d'eftre rendus , & dans les Villes & lieux où lefdits Hôpitaux & Hoftels-Dieu ne font pas de fondation des Villes & Communautez,& dont les comptes ont couftume d'eftre rendus dans les Bureaux defdits Hôpitaux ou Hoftels-Dieu, ou par tout ailleurs que dans les Hoftels de Ville,& aufquels lefdits Maires n'ont pas couftume de prefider , lefdits Maires & leurs Lieutenans auront droit d'y affifter en qualité d'Adminiftrateurs nez defdits Hôpitaux & Hoftels-Dieu , & y auront rang & féance avec voix deliberative aprés l'Officier qui a couftume d'y prefider ; & en cas d'abfence dudit Officier , lefdits Maires y prefideront,comme en toutes autres affemblées defdits Hôpitaux ou Hoftels-Dieu , fi ce n'eft dans les Villes & lieux où les Evefques ou leurs Grands Vicaires ont couftume de prefider aufdites auditions de comptes & autres affemblées defdits Hôpitaux ou Hoftels-Dieu , auquel cas lefdits Maires & leurs Lieutenans n'auront rang , féance , & voix déliberative qu'aprés le premier Officier du Prefidial ou Bailliage Royal & n'y pourront prefider qu'en fon abfence , à moins qu'ils ne fuffent en poffeffion contraire ; & dans les Villes & lieux où la juftice appartient à des Seigneurs particuliers , lefdits Maires ou en leur abfence leurs Lieutenans y

auront rang , féance & voix deliberative avant le premier
Officier defdites Juftices , & y prefideront à leur exclufion ,
à moins que l'Hôpital ou l'Hoftel- Dieu ne fuft de fondation
defdits Seigneurs. Tous les Mandemens & Ordonnances concernant le payement des dettes & charges des Villes feront
fignés par les Maires en exercice , ou en leur abfence , par
leurs Lieutenans & un Efchevin. Défendons aux Greffiers &
aux Secretaires defdits Hoftels & Maifons de Ville d'en délivrer aucuns, & aux Receveurs de faire aucuns payemens que
fur les mandemens en la forme cy-deffus , à peine de radiation
dans leurs comptes. Sera fait inventaire des papiers , titres &
documens concernant lefdites Villes & Communautez , &
feront iceux & ledit inventaire remis & dépofez dans les Archives defdites Villes & Communautez , dont le Maire en
exercice & le Greffier auront chacun une clef , laquelle clef
le Maire qui fortira d'exercice fera tenu de remettre à celuy
qui y entrera, ou en cas d'abfence à fon Lieutenant ; & au cas
qu'il n'y ait point d'Hoftel de Ville , feront lefdites Archives,
inventaires & titres mis & dépofez en la maifon du Maire
ancien. Les Greffiers & Secretaires defdits Hoftels de Ville
feront tenus d'apporter ou envoyer aufdits Maires en exercice
ou en leur abfence à leurs Lieutenans, les oppofitions & fignifications qui pourront eftre faites à leurs Greffés concernant
lefdites Villes & Communautez pour convoquer par lefdits
Maires en exercice ou leurs Lieutenans , les affemblées qu'ils
jugeront neceffaire , & enfuite d'icelles lefdites oppofitions &
fignifications , remifes és archives pour y avoir recours quand
befoin fera. Maintenons & confirmons lefdits Maires , leurs
Lieutenans & autres Officiers du Corps de Ville dans le droit
de poffeffion de rendre la juftice ordinaire, civile & criminelle
dans les lieux où elle appartient au Corps de Ville , & où les
anciens Maires électifs la rendoient , & prefideront lefdits
Maires aux Audiances & Jugemens l'année de leur exercice,
ou en leur abfence leursLieutenan. Faifons deffenfes auxSei-
gneurs particuliers & Habitans defdites Villes & Communautez de les y troubler, ni d'élire aucuns Juges à cet effet & connoiftront lefdits Maires defdites Villes & lieux du Royaume ,
l'année de leur exercice ou en leur abfence leurs Lieutenans

en premiere inftance, de toutes les oppofitions concernant les furtaux des tailles & de prife a partie, où ils font en poffeffion d'en connoiftre ; faifons tres-expreffes inhibitions & deffenfes aux Officiers de nos Jurifdictions de leur caufer aucun trouble ou empefchement pour raifon de ce. Dans les Villes & lieux où il fe delivre quelque prix aux frais & dépens defdites Villes, lefdits Maires en exercice ou leurs Lieutenans, donneront les permiffions des affemblées d'Arquebufiers ou autres jeux & exercices publics, dans lefquelles fe doivent difputer lefdits prix, qui feront délivrez par lefdits Maires ou leurs Lieutenans en cas d'abfence à ceux qui les auront remportez. Ne pourront aucunes perfonnes s'établir dans les Villes & lieux de l établiffement defdits Maires, fans au préalable en avoir demandé & obtenu la permiffion defdits Maires en exercice ou en leur abfence de leurs Lieutenans, qui ne pourront les recevoir au nombre des Habitans, qu'aprés qu'ils auront juftifié de leurs bonne vie & mœurs & Religion Catholique, & d'eux pris & reçû le ferment en tel cas requis, & leur donneront enfuite des Lettres d'Habitans pour joüir des droits, privileges & immunitez des Bourgeois defdites Villes & lieux. Dans les Villes & lieux où la Police appartient aux Officiers de l'Hoftel de Ville par titres ou conceffions ou dans lefquelles les Offices de Lieutenans Generaux de Police créez par noftre Edit du mois d'Octobre 1699. ont efté réunis aux Communautez, lefdits Maires en exercce conjointement avec leurs Lieutenans, Echevins & autres Officiers du Corps de Ville connoiftront de tout ce qui regarde ladite Police, fuivant & aux termes de noftredit Edit du mois d'Octobre 1699. Declarations, Arrefts & Reglemens rendus en confequence; & au cas que quelqu'un des Maires anciens ayent acquis lefdits Offices, permettons aux alternatifs créez par noftre prefent Edit de leur rembourfer la moitié de la finance qu ils juftiferont Nous avoir payée pour l'acquifition defdits Offices, moitié des deux fols pour livre & des frais de provifions, pour en faire les fonctions & joüir des droits & émolumens y attribuez l'année de leur exercice, & jufqu'audit rembourfement lefdits Maires anciens continueront d'en faire les fonctions tant en exercice que hors d'exercice. Les Herauts, Sergens de Maires & autres

Valets de Ville, Meſſiers, Gardes des terres & vignes, Trompettes, Tambours, Fifres, Portiers des Villes, & generalement tous autres qui ſont ou ſeront aux gages des Communautez, ſeront ſous les ordres deſdits Maires, l'année de leur exercice, ou de leurs Lieutenans en leur abſence, & ſeront tenus de venir dans les maiſons deſdits Maires toutes les fois qu'ils les y manderont, pour y recevoir les ordres qu'ils auront à leur donner, tant pour noſtre ſervice que pour les affaires deſdites Communautez, & ne pourront s'abſenter ſans la permiſſion deſdits Maires, ou en leur abſence de leurs Lieutenans, à peine de privation de leurs gages, & pourront leſdits Maires ou leurs Lieutenans en leur abſence les inſtituer & deſtituer en connoiſſance de cauſe. Ne pourront leſdits Herauts, Sergens, Trompettes, Tambours ou autres inſtrumens deſdites Villes, faire aucunes proclamations pour quelque affaire que ce puiſſe eſtre, militaire ou politique, ſans la permiſſion expreſſe deſditsMaires en exercice, ou en leur abſence de leurs Lieutenans, leſquels ne pourront leur refuſer, quand ce ſera pour la publication des Ordonnances des Juges de Police, établis en execution de noſtre Edit du mois d'Octobre 1699. Les clefs des portes des Villes, en cas d'abſence des Gouverneurs ou de nos Lieutenans deſdites Villes, dans celles où il n'y a point de Chaſteau, qui ne ſont point places de guerre & où il n'y a point d'Eſtat-Major, ſeront portées & depoſées dans les maiſons deſdits Maires en exercice, & en cas d'abſence dans celle de leurs Lieutenans aux heures accouſtumées. Les ordres aux Corps de Ville pour les publications de paix & de guerre, d'aſſiſter aux *Te Deum*, faire allumer les feux de joye, faire mettre les Habitans ſous les armes, & faire faire des illuminations & autres réjouiſſances publiques, & pour les autres occaſions concernant noſtre ſervice, en l'abſence de nos Gouverneurs & Lieutenans, ſeront adreſſez auſdits Maires en exercice, ou en leur abſence à leurs Lieutenans, par nos Gouverneurs & Commiſſaires départis dans nos Provinces; & tiendront leſdits Maires, ou en leur abſence leurs Lieutenans la main à l'execution deſdits ordres : & pour cet effet donneront telles ordonnances qu'ils jugeront neceſſaires. Pourront leſdits Maires en exercice, ou en leur abſence leurs Lieutenans, ouvrir les Lettres de cachet, nos ordres ou paquets, foit qu'ils foient adreffez aux Maires feuls, ou aux Maires, Lieutenans & Efchevins, fans neanmoins qu'ils puiffent repondre à ceux qui feront adreffez aux Maires, Lieutenans & Efchevins, que fuivant ce qui fera arrefté en l'Hoftel de Ville avec lefdits Efchevins. Ne pourront les Officiers de Milice bourgeoife affembler & faire mettre les Habitans fous les armes en l'abfence des Gouverneurs, de nos Lieutenans & Commandans, fans la permiffion defdits Maires en exercice ou de leurs Lieutenans en leur abfence. S'il arrive des conteftations entre lefdits Officiers de Milice bourgeoife lorsqu'ils feront fous les armes, ou entre quelqu'un des Officiers & des Bourgeois & Habitans de leurs Compagnies, elles feront decidées à l'Hoftel de Ville ou Maifon commune par lefdits Maires en exercice, leurs Lieutenans, Echevins & autres Officiers du Corps de Ville, conjointement avec les autres Officiers de Bourgeoifie qui n'auront point de part à la conteftation. Seront tenus tous les Capitaines de la Milice bourgeoife de donner tous les ans un eftat aufdits Maires en exercice, ou en leur abfence à leurs Lieutenans, de tous les Habitans de leur quartier, avec leurs qualitez & le nom des ruës de leurs demeures, pour la facilité des logemens des Troupes. Seront pareillement tenus tous les Officiers de Milice bourgeoife des Villes & lieux où il y en a, de prefter aide & main-forte aufdits Maires en exercice, leurs Lieutenans & Echevins, & de leur donner le nombre de Soldats neceffaire Pour l'execution de leurs Ordonnances; & dans les Villes & lieux où il n'y a point d'Officier de Milice pourveus, lefdits Maires ou leurs Lieutenans en leur abfence, nommeront des Soldats de milice pour l'effet cy deffus, qui feront tenus de leur obeïr fous peine de vingt livres d'amende contre chacun des refu-fans ou delayans & leurs Ordonnances & Jugemens executez par provifion nonobftant l'appel. Lefdits Jugemens, Ordonnances & autres expeditions du Greffe defdites Villes & Communautez feront intitulées au nom du Maire, Lieutenant & Echevins, Confuls ou Jurats. La reviuë des Troupes qui pafferont dans les Villes & lieux de l'établiffement defdits Maire fera faite par le Maire ou fon Lieutenant en exer-

cice , conjointement avec le Commissaire aux revûës. Voulons que dans les certificats desdites revûës , lesdits Maires &
leurs Lieutenans soient dénommez avant lesdits Commissaires.
Les logemens de Gens de guerre seront faits en l'Hostel de
Ville ou en la maison du Maire en exercice , ou en son absence
en celle de son Lieutenant, où il n'y a point d'Hostel de Ville ,
par le Maire, ou en son absence par son Lieutenant & le Commissaire aux revûës seulement , auquel logement les Eschevins pourront neanmoins assister , pour prendre garde si le
controlle des Habitans s'y observe exactement , & s'il n'y a
point d'exemptions induëment accordées , dont ils seront
tenus de donner avis au Commissaire départi dans la Province ; mais ne pourront lesdits Eschevins sous pretexte de
l'assistance ausdits logemens pretendre en signer les billets
ou bultins , qui ne le seront que par lesdits Maires & Commissaires aux revûës exclusivement à tous autres , & les certificats des revûës & copies des routes seront remises ausdits
Maires dans le jour de la certification , pour s'en servir à la
verification & remboursement des étapes. Aux processions ,
marches ou ceremonies où le Corps de Ville sera seul , les
Maires en exercice precedez des Herauts , Archers , Sergens
ou Valets de Ville, marcheront à la teste dudit Corps de Ville;
leurs Lieutenans & le premier Eschevin ensuite, coste à coste,
& ainsi des autres Officiers dudit Corps de Ville. Aux *Te Deum*,
processions generales & particulieres & à toutes autres ceremonies ausquels se trouveront les Officiers de Judicature, lesdits Maires en exercice à la teste dudit Corps de Ville , precedez comme dessus, marcheront à la gauche des Officiers des
Presidiaux , Bailliages & autres Justices Royales ordinaires ,
aussi precedez de leurs Huissiers Audianciers, & marcheront
tous lesdits Officiers, tant de l'une que de l'autre colonne ,
à la file un à un & figureront ensemble , ensorte que le Maire
soit toûjours vis-à-vis le premier Officier du Presidial, Bailliage ou autre Justice Royale ordinaire , le Lieutenant vis-à-
vis le second & ainsi des autres , & se croiseront dans les de-
filez , ensorte que le premier Officier qui sera à la teste du
Presidial , Bailliage ou autre Justice Royale ordinaire passe le
premier & immediatement aprés lui le Maire ou celui qui

sera

sera à la teste du Corps de Ville, & ainsi des autres jusqu'à la fin desdits Officiers; & au cas que l'un des deux Corps soit plus nombreux, ne pourra le Greffier dudit Corps passer que tous les Officiers de l'autre Corps ne soient passez. Faisons deffenses ausdits Officiers, tant de l'un que de l'autre Corps, de marcher deux à deux, & leur enjoignons, sous peines de desobeïssance de se rendre aux *Te Deum*, processions & autres ceremonies. Les jours de *Te Deum* ou autres jours ausquels les Corps de Judicature & de Ville ont coûtume de se rendre en quelque Eglise, soit principale ou particuliere, les Officiers desdits Presidiaux & Bailliages Royaux occuperont dans lesdites Eglises les hauts sieges du Chœur à la droite, & les Officiers du Corps de Ville ceux du costé gauche, en sorte que le Maire se trouve toûjours vis-à-vis le premier Officier, à cet effet demeureront lesdits sieges libres & reservez aux Officiers de l'un & de l'autre Corps, sans qu'ils puissent estre occupez par aucuns autres Officiers. Dans les Villes où les Prevosts, Chastelains Royaux sont premiers Juges, ils auront le pas, rang & séance dans toutes les marches, processions & ceremonies publiques avant les Maires & autres Officiers de Ville, & lesdits Maires les precederont en toutes rencontres dans les Villes & lieux où la Jurisdiction desdits Prevosts ou Chastelains n'est pas la principale. Dans les Villes & lieux où il se fait une procession generale, les jours & feste du Saint Sacrement les principaux Officiers du Presidial & Bailliage ne pourront porter les cordons du daix que concurremment avec les principaux Officiers des Corps de Ville; sçavoir, ceux du Presidial, Bailliage, ou autre Justice Royale ordinaire, les cordons du costé droit & ceux du Corps de Ville du costé gauche. Dans les Villes & lieux où la Justice appartient à des Seigneurs particuliers, lesdits Maires & leurs Lieutenans precederont les Officiers desdites Justices & tous autres s'ils ne sont Gouverneurs desdites Villes ou nos Lieutenans en icelles en toutes occasions, aux Eglises processions, *Te Deum*, ceremonies publiques & particulieres, & de particulier à particulier. Dans les Villes dans lesquelles il y a Presidial ou Bailliage Royal, lesdits Maires tant en exercice que hors d'exercice, auront en toutes

rencontres, foit dans les Eglifes, foit aux affemblées generales &
particulieres, ou de particulier à particulier, les honneurs & le
pas immediatement aprés les Prefidens & Lieutenans Generaux,
Civils & avant tous autres Officiers, & les Lieutenans defdits
Maires immediatement aprés les Lieutenans Generaux de Police
& les Lieutenans Criminels, & avant tous autres Officiers. Dans
les Villes où il n'y a qu'une Paroiffe, lefdits Maires, Lieutenans
& autres Officiers du Corps de Ville auront leurs bancs & leurs
places dans le Chœur de l'Eglife Paroiffiale à la gauche & vis-à-
vis de celui des Officiers du principal Siege Royal ordinaire. Dans
celles où il y a plufieurs Paroiffes, fi les Prefidens ou Lieutenans
Generaux Civils feulement des Prefidiaux, Bailliages ou autres
Juftices Royales ordinaires fe trouvent de la mefme Paroiffe que
les Maires, ils auront leurs bans à la droite & les Maires à la gauche; & à l'égard de tous les autres Officiers defdits Prefidiaux,
Bailliages ou autres Juftice Royales ordinaires les Maires auront
leurs bancs à la droite & à la place la plus honorable, & ainfi
des autres Officiers tant de l'un que de l'autre Corps, fuivant les
rangs qu'ils doivent tenir dans les marches & ceremonies. Dans
les Villes où la Juftice ordinaire appartiendra à des Seigneurs
particuliers, lefdits Maires & leurs Lieutenans auront leurs bancs
en la place la plus honorable des Eglifes après les Seigneurs, fans
que les Officiers defdits Seigneurs ni tous les autres, s'ils ne font
Gouverneurs ou nos Lieutenans defdites Villes fe puiffent pla-
cer dans le banc defdits Seigneurs pour preceder lefdits Maires
& leurs Lieutenans. Dans les Villes & lieux où les Places ont efté
aliennées par les Fabriques, foit aux Officiers des Juftices ou
autres, Voulons que celles qui doivent appartenir aufdits Maires & à leurs Lieutenans leur foient abandonnées, en rembour-
fant par eux ceux qui les auront acquifes. Dans les Villeis où il y a
Bailliage, Prefidial ou autre Juftice Royale ordinaire, les Officiers de l'un & de l'autre Corps iront à l'offrande, & auront les
honneurs du pain-benift dans l'ordre cy-deffus marqué, fçavoir,
dans les ceremonies publiques fuivant l'ordre marqué par l'Article XXXVII. du prefent Édit, & dans les ceremonies particulieres fuivant l'ordre marqué par l'Article XLII. fans que

les Officiers de l'un ni de l'autre Corps puiſſent preſenter le pain-
beniſt à ceux qui les ſuivent , avant que ceux de l'autre Corps
qui les doivent preceder en ayent pris. Dans celles des Juſtices
Seigneuriales, les Maires & leurs Lieutenans iront à l'offrande &
auront les honneurs du pain-beniſt & tous autres honneurs de
l'Egliſe avant tous les Officiers deſdites Juſtices, & tous autres
que les Seigneurs & Gouverneurs deſdites Villes & nos Lieutenans. Les Maires en exercice , ou en leur abſence leurs Lieutenans , à la teſte du Corps de Ville , allumeront tous les feux de
joye immediatement après les Gouverneurs de nos Provinces ou
leurs Lieutenans Generaux auſdits Gouvernemens , & conjointement avec les Gouverneurs particuliers deſdites Villes, s'il y en
a , & marcheront à leur gauche , precedez par leurs Herauts ,
Archers , Sergens ou Valets de Ville , & s'il n'y a point de Gouverneurs, leſdits Maires ou en leur abſence leurs Lieutenans mettront le feu ſeuls, & aprés eux les Officiers du Corps de Ville qui
ont droit d'y aſſiſter , & ſont en uſage d'allumer leſdits feux, ce
qui ſera executé meſme dans les Villes & lieux, où les Eccleſiaſtiques ont couſtume d'aller en proceſſion allumer leſdits feux de
joye , auquel cas leſdits Maires ou leurs Lieutenans en leur abſence les allumeront , conjointement avec les Eccleſiaſtiques
Les Herauts, Sergens & Valets de Ville ſeront tenus de ſe rendre en caſaque ou autres livrées des Villes en la maiſon des Maires en exercice , ou en leur abſence en celles de leurs Lieutenans pour les conduire à l'Hoſtel ou Maiſon de Ville & de les
reconduire en leurs maiſons aprés les ceremouies finies. Faiſons
deffenſes à tous Officiers tant de nous que des Seigneurs , & à
toutes autres perſonnes de quelque qualité & condition qu'ils
ſoient, d'apporter ſur ce aucun trouble ou empeſchement auſdits
Maires, & leurs Lieutenans. Pourront leſdits Maires & leurs Lieutenans aſſiſter à toutes les aſſemblées & ceremonies en robbes ou
en épées , ſuivant les uſages differens meſme en robbe rouge ,
dans les Villes & lieux dans leſquelles les Officiers du Corps de
Ville eſtoient en poſſeſſion de la porter & l'ont portée depuis leur
établiſſement , dans laquelle en tant que beſoin eſt Nous les
maintenons & confirmons , & dans celles où les principaux Offi-

ciers des Prefidiaux ou Bailliages Royaux la portent. Dans les
aſſemblées generales & particulieres de Villes & Communautez,
les Maires & Lieutenans de Maires en exercice precederont les
Maires & Lieutenans hors d'exercice, & auront leſdits Maires
& leurs Lieutenans hors d'exercice, rang, féance & voix deliberative immediatement aprés le Maire & le Lieutenant de
Maire en exercice. Pourront leſdits Maires & leurs Lieutenans,
tant anciens que nouveaux créez par le preſent Edit, évoquer
leurs cauſes tant civiles que criminelles, mûës & à mouvoir,
tant en demandant que deffendant en premiere inſtance, dans
les Bailliages, Senechauſſées ou Preſidiaux les plus prochains, à
l'excluſion de ceux du Reſſort des lieux de leur établiſſement.
Joüiront leſdits Maires & leurs Lieutenans tant anciens que nouveaux, de tous les autres droits, émolumens, honneurs, prerogatives, rang, féance, privileges & exemptions à eux attribuez
par nos precedens Edits, Declarations, Arreſts & Reglemens
rendus en conſequence ainſi, & de meſme que s'ils y eſtoient dénommez. N'entendons pareillement par noſtre preſent Edit déroger aux uſages & couſtume de Villes & lieux plus avantageux
auſdits Maires & à leurs Lieutenans, que les choſes cy-deſſus reglées, dans la joüiſſance deſquels au contraire Nous les avons
confirmé & confirmons en tant que beſoin par noſtre preſent
Edit; & outre les anciens gages & droits dont joüiſſent leſdits
Maires anciens & les nouveaux à eux cy-deſſus attribuez, Nous
avons attribué & attribuons auſdits Maires & Lieutenans de
Maires alternatifs & my-triennaux créez par noſtre preſent Edit,
des gages au denier vingt de la finance qu'ils Nous payeront
pour l'acquiſition deſdits Offices, dont les deux tiers tiendront
lieu de gages de la finance deſdits Offices, & l'autre tiers ſera reputé augmentation de gages, deſquels gages & augmentations
de gages, l'emploi ſera fait dans les états de nos finances, à commencer du premier Janvier prochain, pour leur eſtre payez ſur
leurs ſimples quittances, qui ſeront paſſées & alloüées ſans aucune difficulté dans les comptes de ceux qui en auront fait le payement, ſans qu'il puiſſe cy-aprés leur eſtre attribué aucanes autres augmentations de gages, ſous quelque pretexte que ce ſoit,

dont

dont Nous les déchargeons pour toûjours. Toutes perfonnes graduées ou non graduées, foit Officiers ou autres, pourront fe faire
pourvoir defdits Offices de Maires & de leurs Lieutenans alternatifs & my-triennaux créez par le prefent Edit, & les tenir & exercer fans incompatibilité d'autres Offices, trafic ou negoce en gros
& en joüiront hereditairement, fans qu'avenant leur decés, ils
puiffent eftre déclarez vacans, & feront confervez à leurs veuves, heritiers ou ayans caufe, qui en pourront difpofer au profit de telles perfonnes capables qu'ils aviferont, aufquelles feront
expediées & fcellées des Lettres de provifions fur les demiffions
des pourvûs, leurs veuves & ayans caufe, fans que lefdits Offices puiffent eftre declarez domaniaux ni fujets à aucune revente pour quelque caufe que ce foit, & joüiront les veuves de ceux
qui decederont pourvûs defdits Offices, pendant le tems qu'elles
demeureront en viduité, des mêmes privileges & exemptions dont
leurs maris joüiffoient avant leur mort. Les pourvûs defdits Offices feront reçûs & prefteront le ferment pardevant les Juges tenans nos Cours des Parlemens, fi ce n'eft qu'ils fuffent déja pourvûs de quelque Office de Judicature, auquel cas Nous les avons
difpenfez & difpenfons de fe faire de nouveau recevoir & prêter
nouveau ferment en nofdites Cours de Parlemens ; Ordonnons
qu'ils feront inftalez par l'ancien Maire, & en fon abfence par
fon Lieutenant, aufquels chacun en droit foi, Nous enjoignons
d'y proceder incontinent & fans délai, auffi-toft qu'il fera apparu de nos Lettres de provifions. Ne pourront les officiers créez
par le prefent Edit, fous quelque pretexte & pour quelque caufe
& raifon que ce foit, eftre contraints ni obligez de prendre du
franc-falé en execution de nos Declarations des 11 Aouft 1705.
& 12 Janvier 1706. dont Nous les déchargeons pour toûjours,
comme auffi ne pourront eftre taxez, foit pour fupplément de
finance, confirmation de leurs droits, privileges & exemptions
ou de l'heredité de leurs Offices, dans laquelle heredité en
tant que de befoin feroit, Nous les confirmons dés à préfent par
le prefent Edit, enfemble leurs veuves, heritiers ou ayans caufe.
S'il intervient quelques conteftations fur l'execution du prefent
Edit, Voulons qu'elles foient reglées en noftre Confeil, auquel
Nous en avons refervé la connoiffance, & icelle interdite à
toutes nos Cours & Juges. SI DONNONS EN MANDEMENT à

nos amez & feaux Conseillers, les Gens tenans nostre Cour de Parlement Chambre de nos Comptes & Cour des Aydes à Paris, que nostre present Edit ils ayent à faire lire, publier & regiſtrer, & le contenu en icelui, garder & obſerver de point en point ſelon ſa forme & teneur, nonobſtant tous Edits, Declarations, Arrêts, Reglemens & autres choſes à ce contraires, auſquels Nous avons derogé & derogeons par le preſent Edit, aux copies duquel collationnées par l'un de nos amez & feaux Conseillers-Secretaires, Voulons que foy ſoit ajoûtée comme à l'Original : CAR TEL EST NOSTRE PLAISIR. Et afin que ce ſoit choſe ferme & ſtable à toujours, Nous y avons fait mettre noſtre Scel. DONNE' à Verſailles au mois de Decembre, l'an de grace mil ſept cens ſix ; Et de noſtre Regne le ſoixante-quatriéme. *Signé*, LOUIS. *Et plus bas*, Par le Roy, PHELYPEAUX. Viſa, PHELYPEAUX. Vû au Conſeil, CHAMILLART. Et ſcellé du grand Sceau de de cire verte, en lacs de ſoye rouge & verte.

Regiſtrées, Oüy, & ce requerant le Procureur General du Roy, pour eſtre executées ſelon leur forme & teneur, Et Copies collationnées envoyées aux Baillages & Seneſchauſſées du Reſſort, pour y eſtre lûës, publiées & regiſtrées : Enjoint aux Subſtituts du Procureur General du Roy d'y tenir la main, & d'en certifier la Cour dans un mois, ſuivant l'Arreſt de ce jour. A Paris en Parlement le trente-un Janvier mil ſept cens ſept. Signé, DONGOIS.

Collationné à l'Original par Nous Ecuyer-Conſeiller-Secretaire du Roy, Maiſon Couronne de France, & de ſes Finançes.

EDIT DU ROY,

PORTANT Création des Offices d'Avocats du Roy dans les Sieges d'Elections , de Police , Hôtels de Ville , Eaux & Forests , Greniers à Sel , Traites Foraines , Prevôtez , Châtellenies , Bailliages , Senechauffées , & autres Justices Royales ordinaires & extraordinaires du Royaume.

Donné à Verfailles au mois d'Octobre 1708.

Regiftré en Parlement le 7. Decembre audit an.

LOUIS par la grace de Dieu , Roy de France & de Navarre : A tous prefens & à venir , Salut. L'admiftration de la Juftice étant un des principaux devoirs des Roys , Nous avons eu depuis notre avenement à la Couronne une application finguliere pour Nous acquitter d'une obligation fi indifpenfable. Cette application Nous ayant fait connoiftre les grands avantages que nos Sujets , & Nous , avons toûjours retiré de l'établiffement , tant de nos Avocats generaux dans nos Cours , que de ceux établis dans les principaux Sieges & Jurifdictions de notre Royaume ; elle Nous a engagé en même tems à faire de pareils établiffemens dans les autres Jurifdictions , toutes les fois qu'il Nous l'a été propofé. C'eft dans cet efprit que par notre Edit du mois d'Avril 1691. Nous avons créé & établi un notre Confeiller-Avocat en chacun des Sieges , tant generaux , que particuliers des Amirautez : & par notre Edit du mois de Juillet 1704. un pareil Office de notre Confeiller-Avocat en l'Hôtel de notre bonne ville de Paris : Et d'autant qu'il n'eft pas moins neceffaire pour le bien de notre fervice , & celui de nos Sujets , de faire un pareil établiffement dans les Sieges des Elections , Greniers à fel , Eaux & Forefts , Hoftels de Ville , & autres Jurifdictions Royales , dans lefquelles y ayant affez fouvent des matieres où les fonctions de la parole font neceffaires , il eft important qu'il y ait , comme dans les autres Jurifdictions , des Avocats , qui donnant toute leur application au miniftere de la parole , puiffent fe rendre capables de s'en acquitter avec toute l'exactitude re-

A

quife & neceffaire : Nous avons d'autant plus volontiers refo'u d'en
faire la Création; que le fuccez de l'établiffement de ces Avocats dans
les Sieges de l'Election, Grenier à fel & de l'Hôtel de notre bonne
ville de Paris, femble Nous répondre de celuy que Nous devons at-
tendre de cette Création dans les Sieges de même qualité de notre
Royaume. A ces causes, & autres à ce Nous mouvans, de l'avis
de notre Confeil, & de notre certaine fcience, pleine puiffance &
autorité Royale, Nous avons par le prefent Edit perpetuel & irrevocable, créé, érigé & établi, créons, érigeons & établiffons en titre
d'Office formé un notre Confeiller - Avocat en chacun des Hôtels de
Ville, Sieges d'Election, de Police, Eaux & Forefts, Greniers à fel,
Traites Foraines, Prevoftez, Chaftellenies, Bailliages, Senefchauf-
fées, & autres Iuftices Royales ordinaires & extraordinaires de notre Royaume, Pays, Terres & Seigneuries de notre obéïffance, dans
lefquelles il n'y a point d'Avocats pour Nous en titre, pour par les
Pourvûs des Offices prefentement créez, porter la parole dans chacun
des Corps & Sieges de leur établiffement dans les cas requis & accoûtumez, & y faire toutes les fonctions que font nos Avocats dans les
autres Compagnies; lefquelles fonctions Nous avons par le prefent
Edit defunis & defuniffons, en tant que befoin eft ou feroit, de celles de nos Procureurs efdits Sieges, aufquels Nous deffendons, & à tous
autres qui ont pû jufqu'à prefent s'entremettre dans les fonctions de la
parole, de plus s'y immifcer, ny d'y troubler nofdits Avocats, à peine
d'interdiction, & de deux mille livres d'amende; feront les Pourvûs
defdits Offices du Corps des Officiers des Sieges où ils feront établis, &
joüiront des mêmes privileges, exemptions, franchifes, immunitez &
honneurs dont joüiffent lefdits Officiers, fans qu'ils puiffent eftre tenus
de contribuer aux charges & dettes contractées par lefdits Corps & Sieges. Joüiront en outre des mêmes honneurs, autoritez, entrée, rang,
féances & droits dont joüiffent les Pourvûs de femblables Offices dans
les autres Compagnies; encore bien que ces privileges & droits ne foient
point expreffement expliquez par le prefent Edit. Ils délibereront & figneront conjointement avec nos Procureurs des Sieges de leur établiffement toutes les conclufions generalement quelconques que nofdits
Procureurs donneront, foit fur Procez par écrit, fimples Requeftes, ou
autrement: pour raifon de quoy Nous leur avons attribué la moitié par
augmentation, des épices & droits dont nofdits Procureurs ont droit de
joüir. Toutes fortes de perfonnes, Officiers de Judicature ou de Finance
ayant atteint l'âge de vingt-deux ans, pourront fe faire pourvoir defd.
Offices de nos Avocats, fans incompatibilité avec tous autres Offices;
même tenir & exercer par une feule & même Provifion ceux de tous
les Corps & Sieges établis dans une même ville & lieu : & feront les
Lettres de Provifion expediées en notre grande Chancellerie fur les
quittances de finance qui feront délivrées par le Treforier de nos Revenus Cafuels, & celles du droit de Marc d'Or en la maniere accoûtumée, en payant en outre par les Acquereurs les deux fols pour livre de

ladite finance , entre les mains , & fur les fimples quittances de celui qui
fera par Nous chargé de l'execution du prefent Edit , ou de fes Pro-
reurs & Commis. Ordonnons que lefdits Avocats feront admis au payement du droit annuel fur le pied du foixantiéme denier de l'évaluation
defdits Offices , que Nous avons fixée au quart de la finance principale
qu'ils Nous auront payée pour l'acquifition d'iceux , & avons difpenfé les
premiers Pourvûs defdits Offices du payement de l'annuel , pour l'année
dans laquelle ils auront été pourvûs , & du preft pendant les années qui
reftent a expirer des neuf que Nous avons accordez aux Officiers de notre Royaume par notre derniere Declaration. Voulons qu'ils foient reçûs
& inftalez par les Officiers devant lefquels les Procureurs pour Nous
aufdits Sieges ont coûtume d'eftre reçûs, en payant feulement dix livres,
à quoy Nous avons réduit & fixé les droits de Reception,y compris ceux
des Greffiers : & à l'égard des droits de Marc d'Or & Sceau des Provifions, ils feront payez fuivant les Tarifs arreftez en notre Confeil; &
pour leur donner moyen de remplir les devoirs de leurs Offices,avec tout
l'honneur & le defintereffement que demande leur miniftere, Nous leur
avons attribué & attribuons quarante mille livres de Gages actuels &
effectifs, à répartir entre eux , fuivant les Eftats qui en feront arreftez en
notre Confeil , dont fera laiffé fonds par chacun an dans les Eftats de nos
Finances*, ou Domaines , au Chapitre des Charges des Corps & Sieges
où ils feront établis, fans que pour quelque caufe & prétexte que ce
foit , lefdits Gages puiffent être fujets à aucun retranchement ,ny lefd.
Officiers taxez cy-aprés pour fupplément de finance ou autrement , dont
Nous les déchargeons pour toujours. Attribuons en outre aufdits Avocats
à chacun un Minot de franc-falé , a prendre annuellement dans le Grenier ou Chambre à fel du Reffort de leur refidence ; enfemble le droit de
Committimus au petit Sceau. N'entendons rien changer ny diminuer par
la prefente Création des fonctions &,droits des Subftituts, créez dans lefd.
Corps & Sieges par notre Edit du mois d'Avril 1691.ou autres anterieurs
Voulons au contraire qu'ils faffent toutes les fonctions de nos Avocats
prefentement créez , en leur abfence, ou legitime empêchement : &
mêmejqu'en attendant la vente defdits Offices , ils faffent preferablement àtoutes autres perfonnes lefdites fonctions , fur les fimples Procurations ou Commiffion du Prépofé'à la vente d'iceux : Pourront lefdits
Subftituts commis exercer lefd. Offices'dans un , ou plufieurs Sieges d'un
même lieu , en faifant fimplement enregiftrer dans les Greffes d'iceux
les Procurations ou Commiffions de notredit Prépofé fans aucune autre
formalité;pour raifon duquel Enregiftrement ils payeront pour tous droits
& frais feulement trois livres en chacun Siege. Permettons aux Pourvûs de pareils Offices de nos Avocats dans les Bureaux des Finances,
Prefidiaux, Bailliages, ou autres Jurifdictions, d'acquerir un, ou plufieurs des Offices prefentement créez d'une même Ville, & d'en joüir ;
enfemble des droits y attribuez en vertu du prefent Edit , & fur les fimples quittances du Treforier de nos Revenus Cafuels, conjointement avec
leurfdits Offices , fans être tenus de prendre aucunes Lettres de Provi-

fions, ny de Nous payer plus grands droits d'Annuel, & de Preft, avec pouvoir de les défunir : auquel cas de défunion, Voulons que fur les Contrats de vente, & fur copies defdites quittances de finance, toutes Provifions foient expediées en notre grande Chancellerie : Et pour donner moyen aux Particuliers d'emprunter les fommes dont ils auront befoin pour payer le tout ou partie de la finance defd. Offices, Nous voulons que ceux qui leur préteront leurs deniers, ayent un privilege fpecial, tant fur lefdits Offices, que fur les Gages & Droits y attribuez, fans qu'il foit befoin de faire mention defdits emprunts dans les quittances de finance, mais feulement dans les Contrats ou Obligations qui les concerneront. Si donnons en Mandement à nos amez & feaux Confeillers les Gens tenans noftre Cour de Parlement, Chambre des Comptes & Cour des Aydes à Paris, que noftre prefent Edit ils ayent à faire lire, publier & regiftrer, même en tems de Vacations, & le contenu en icelui faire executer de point en point felon fa forme & teneur, fans permettre qu'il y foit contrevenu en quelque forte & maniere que ce foit, nonobftant tous Edits, Declarations, Reglemens & autres chofes à ce contraires, aufquels Nous avons derogé & dérogeons par le prefent Edit. Car tel est nostre plaisir. Et afin que ce foit chofe ferme & ftable à toûjours, Nous y avons fait mettre notre SceL. Donne' à Verfailles au mois d'Octobre, l'an de grace mil fept cens huit, & de notre Regne le foixante-fixiéme. Signé, L O U I S. Et plus bas. Par le Roy, Phelypeaux. Vifa, Phelypeaux. Veû au Confeil, Desmaretz. Et fcellé du grand Sceau de cire verte, en lacs de foye rouge & verte.

Regiftrées, Oüy, & ce requerant le Procureur General du Roy, pour eftre executées felon leur forme & teneur, & copies collationnées envoyées aux Bailliages & Senechauffées du Reffort, pour y eftre lûes, publiées & regiftrées ; Enjoint aux Subftituts du Procureur General du Roy, d'y tenir la main, & d'en certifier la Cour dans un mois, fuivant l'Arreft de ce jour. A Paris en Parlement, le fept Decembre mil fept cens huit. Signé, Dongois.

Collationné à l'Original par Nous Confeiller-Secretaire du Roy, Maifon, Couronne de France, & de fes Finances.

A P A R I S, Chez la Veuve Saugrain & Pierre Prault, à l'entrée du Quay de Gefvres au Paradis. 1723.

EDIT DU ROY,

PORTANT rétabliſſement des Offices de Gouverneurs des Villes où ils n'ont point eſté levez, & création de Lieutenans de Roy & Majors dans toutes les Villes où il y a des Gouverneurs.

Donné à Verſailles au mois de Decembre 1708.

LOUIS par la grace de Dieu Roi de France & de Navarre : A tous preſens & à venir, Salut. Par noſtre Edit du mois d'Aouſt 1696. Nous avons créé dans chacune des Villes cloſes de notre Royaume un Gouverneur pour Nous, pour commander les Officiers de la Milice Bourgeoiſe créez par autre noſtre Edit du mois de Mars 1694. Mais comme l'experience Nous faiſant connoiſtre qu'un ſeul Officier ne peut par lui-même apporter tous les ſoins neceſſaires pour la bonne diſcipline de ladite Milice, & que d'ailleurs ces Gouverneurs

eſtant diſpenſez par ledit Edit de reſider dans leſ
Villes de leurs Gouvernemens , ce défaut de reſi-
dence peut quelquefois cauſer du retardement
aux ordres qu'ils reçoivent , ſoit de Nous ou de nos
Lieutenans & Officiers Generaux , Nous avons reſolu d'établir des Officiers qui en leur abſence ou
conjointement avec eux pourront executer nos ordres ou ceux de noſdits Lieutenans Generaux ; &
comme Nous avons par autre Edit du mois de Juin
1700. ſupprimé leſdits Offices de Gouverneurs ,
dont le rétabliſſement ne peut qu'eſtre avantageux
pour noſtre ſervice , & dont la finance Nous four-
nira des moyens pour ſubvenir aux dépenſes de la
guerre preſente. A CES CAUSES, & autres à ce
Nous mouvans , de noſtre certaine ſcience , pleine
puiſſance & autorité Royale , Nous avons par le
preſent Edit perpetuel & irrevocable, rétabli & ré-
tabliſſons les Offices de Gouverneurs dans les Villes de noſtre Royaume où ils n'ont point eſté levez , en execution de noſtre Edit du mois d'Aouſt
1696. & de la même autorité que deſſus , Nous
avons créé & érigé , créons & érigeons en titres
d'Offices formez & hereditaires un Lieutenant de
Nous & un Major dans chacune des Villes cloſes
de noſtre Royaume, Païs, Terres & Seigneuries
de noſtre obéïſſance , où il a eſté & où il ſera établi des Gouverneurs de même que dans les autres
Villes où il n'y a que des Gouverneurs ou des Lieu-

tenans de Nous , pour en joüir par ceux qui feront pourvûs de ces Offices , aux honneurs , rang , féances , préeminences , prérogatives , logemens & droits dont joüiffent les Gouverneurs établis & nos autres Lieutenans & Majors de Places & Villes frontieres de noftre Royaume.

Seront nofdits Gouverneurs , Lieutenans & Majors en droit de dreffer des Procés verbaux des deferteurs , & dans les autres cas militaires dont ils pourront informer le Secretaire d'Eftat ayant le Département de la guerre.

Joüiront lefdits Gouverneurs, Lieutenans & Majors , créez par le prefent Edit , des privileges de Nobleffe , tant qu'ils feront reveftus de leurs Offices , & conferveront leur rang pour parvenir à toutes les dignitez militaires , ainfi que les autres Officiers des places de guerre , & pourront meriter dans les occafions d'eftre reçûs dans l'Ordre de S. Loüis.

Seront exempts de tous droits d'entrés pour les vins & autres boiffons & denrées pour leur provifion feulement ; comme auffi du fervice perfonnel du ban & arriere-ban , même de la contribution à iceluy , jouiront de toutes exemptions de Taille , uftencile , logement de gens de guerre , Tutelle , Curatelle , nomination à icelles , guet & Garde , & autres charges publiques , & ne pourront eftre augmentez à la Capitation , fous pretexte de l'acquifition de ces Offices ; les difpenfons ainfi que nos Gouverneurs de refider dans la Ville du Gouvernement, à moins que noftre fervice ne le requiert.

Permettons auffi aux Maires, leurs Lieutenans, & à nos Procureurs és Hoftels de Villes, d'acquerir lefdits Offices, & de les exercer conjointement ou féparément fans incompatibilité.

Permettons en outre aux Villes & Communautez qui ont réüni l'Office de Gouverneur, d'acquerir ceux de Lieutenans de Roy & Majors, & d'emprunter ou d'impofer ainfi qu'il leur fera le plus convenable, les fommes qu'elles feront convenuës de payer pour le prix defdits Offices.

Avons attribué & attribuons à ces Offices créez rétablis par le prefent Edit, 40000 l. de gages actuels & effectifs, à repartir entr'eux, fuivant les Etats qui en feront arreftez en noftre Confeil, à raifon du denier vingt de leur finance, defquels gages ils feront payez fur leurs fimples quittances, fuivant les fonds qui en feront faits dans nos Recettes generales & en la maniere accoûtumée. Ne pourront les gages defdits Gouverneurs, Lieutenans & Majors eftre faifis par aucun autre Créancier, que par ceux qui auront prefté leurs deniers pour l'acquifition defdits Offices.

Sera par Nous pourvû aufdits Offices de fujets capables, & feront les Lettres de provifition defdits Offices expediées en noftre grande Chancelle-

rie fur les quittances de finance qui feront délivrées par le Treforier de nos Revenus cafuels, en
confequence des Rolles qui feront arreftez en noftre Confeil en la maniere accoûtumée, en payant
en outre les deux fols pour livre de ladite finance,
entre les mains & fur les fimples quittances de celui
qui fera par Nous chargé de l'execution du prefent
Édit, fes Procureurs ou Commis, fur lefquelles
provifions lefdits Officiers joüiront hereditairement de leurs Offices, & leurs decés arrivant, il y
fera pourvû fur la nomination de leurs Veuves
Heritiers ou ayans caufe, au profit de telles perfonnes capables, que bon leur femblera.

Les Pourvûs defdits Offices feront reçûs & prefteront le ferment accoûtumé, ainfi que nos Gouverneurs créez entre les mains de noftre trés &
feal Chevalier, Chancelier de France, ou pardevant nos Intendans & Commiffaires départis dans
les Provinces & Generalitez de noftre Royaume,
fur les Commiffions qui leur feront par lui adreffées
à cet effet.

Ceux qui prefteront leurs deniers pour acquerir lefdits Offices, auront hypoteque & privilege
fpecial fur iceux, fans qu'il foit befoin de faire
mention dudit preft dans les quittances de finance, mais feulement dans les contrats d'acquifition.

Difpenfons lefdits Officiers de tout fupplément

de finance ou augmentation de gages , soit pour
confirmation d'Heredité de Nobleſſe ou autrement.

Et s'il intervient quelques conteſtations ſur
l'execution du preſent Edit , Voulons qu'elles
ſoient reglées en noſtre Conſeil , auquel Nous en
avons reſervé la connoiſſance, & icelle interdite à
toutes nos Cours & Juges. Voulons au ſurplus que
noſtre Edit, du mois d'Aouſt 1696. ſoit executé
ſelon ſa forme & teneur , en ce qui n'y eſt derogé
par le preſent Edit , dérogeant pour cet effet à celui du mois de Juin 1700.

Si DONNONS EN MANDEMENT à nos
amez & feaux Conſeillers , les Gens tenans noſtre
Cour de Parlement à Paris, que noſtre preſent Edit
ils ayent à faire lire , publier & régiſtrer , & le contenu en icelui , faire executer de point en point ſelon ſa forme & teneur , ſans permettre qu'il y ſoit
contrevenu en quelque ſorte & maniere que ce
ſoit , nonobſtant tous Edits, Declarations , Reglemens & autres choſes à ce contraires , auſquelles
Nous avons dérogé & dérogeons par le preſent
Edit , aux copies duquel collationnées par l'un de
nos amez & feaux Conſeillers-Secretaires , Voulons que foi ſoit ajoûtée comme à l'original : CAR
tel eſt noſtre plaiſir ; & afin que ce ſoit choſe ferme & ſtable à toûjours, Nous y avons fait mettre
noſtre ſcel. DONNE' à Verſailles au mois de De-

cembre, l'an de grace mil sept cens huit; & de
nostre Regne le soixante-sixiéme. Signé, LOUIS;
Et plus bas, Par le Roy PHELYPEAUX, Visa, PHE-
LYPEAUX. Veu au Conseil, DESMARETZ. Et scellé du grand Sceau de cire verte, en lacs de soye
rouge & verte.

Regissrées, oüi & ce requerant le Procureur general du Roy
pour estre executées selon leur forme & teneur, & copies col-
lationnées envoyées aux Bailliages & Senechauffées du Ressort,
pour y estre lûës, publiées & registrées; Enjoint aux Subsituts
du Procureur general du Roy d'y tenir la main & d'en certi-
fier la Cour dans un mois, suivant l'Arrest de ce jour. A Paris
en Parlement le quatre Janvier mil sept cens neuf.

Signé, DONGOIS.

A PARIS, Chez la veuve SAUGRAIN & PIERRE PRAULT,
à l'entrée du Quay de Gêvres, au Paradis, 1723.

EDIT DU ROY,

Portant création d'Offices d'Echevins, Consuls, Capitouls, Jurats, & autres Officiers municipaux des Hôtels de Villes, alternatifs & triennaux dans toutes les Villes du Royaume.

Donné à Versailles, au mois de Mars 1709.

OUIS par la grace de Dieu Roy de France & de Navarre: A tous presens & à venir, Salut. Par nôtre Edit du mois de Janvier 1704. Nous avons érigé en titre d'Offices la moitié des places d'Echevins, Consuls, Capitouls & Jurats dans toutes les Villes & lieux de nôtre Royaume. Depuis les fonctions des Officiers desdites Villes aïant augmenté considerablement, Nous avons par nôtre Edit du mois de Decembre 1706. créé des Offices de Maires & Lieutenans de Maires alternatifs & triennaux pour le soulagement des anciens. Ce même motif subsistant à l'égard des Echevins en Charge, qui sont également occupez aux affaires des Villes, Nous avons jugé à propos de créer des Offices d'Echevins, Consuls, Capitouls & Jurats alternatifs & triennaux, pour être exercez alternativement d'année en année avec les anciens que Nous voulons rétablir dans tous leurs privileges, en réünissant à leurs Offices la moitié de l'Office de my-triennal, fans que pour raifon de ladire réünion & rétabliffement de privileges, ils foient tenus de Nous payer aucune nouvelle finance. A CES CAUSES & autres à ce Nous mouvans, de noftre certaine fcience pleine puiffance & autorité Royale, Nous avons par noftre prefent Edit perpetuel & irrevocable, créé & érigé, créons & érigons en titre d'Offices formez hereditaires des Offices de nos Confeillers Echevins, Confuls, Capitouls & Jurats & autres Officiers municipaux des Hoftels de Villes, alternatifs & triennaux, dans toutes les Villes & lieux de noftre Royaume, Païs, Terres & Seigneuries de noftre obéiffance, pour eftre exercez alternativement d'année en année, fous le titre d'alternatifs & my-triennaux, avec ceux qui font ou feront pourvûs de pareils Offices créez par noftre Edit du mois de Janvier 1704. & avec les particuliers, que les Communautez qui ont réüni lefdits Offices créez par ledit Edit, feront tenuës d'élire chaque année, pour les exercer fuivant la faculté qui leur en a efté accordée par les Arrefts de noftre Confeil qu'elles ont obtenu. Voulons que l'autre moitié dudit Office triennal foit réüni aux anciens Offices, foit qu'ils foient poffedez par des particuliers ou par les Communautez qui les auront réünis, pour ne compofer qu'un feul & mefme corps d'Office fous le titre d'ancien & my-triennal ; fans que pour raifon de ce lefdits particuliers ni les Communautez foient tenus de Nous payer aucune finance, dont Nous les avons déchargez & déchargeons pour toûjours par le prefent Edit. Ceux qui acquereront lefdits Offices d'Echevins, Confuls, Capitouls & Jurats alternatifs & my-triennaux, ou qui en feront les fonctions en attendant la vente, entreront en exercice en

prefente année les jours aufquels les nominations & élections des Echevins ont accoûtumé d'eftre faites en chacune des Villes & Communautez, & continuëront à l'avenir d'exercer lefdits Offices alternativement d'année en année avec lefdits Echevins, Confuls, Capitouls & Jurats anciens & my-triennaux. Pourront lefdits Offices eftre poffedez par toutes fortes de perfonnes fans aucune incompatibilité d'autre-Office, & nonobftant tout degré de parenté, pourvû qu'ils ayent atteint l'âge de vingt deux ans accomplis, encore qu'ils

n'ayent pris naiſſance dans les Villes & lieux de l'établiſſement deſdits Offices, dérogeant à cet effet à tous uſages contraires. Joüiront leſdits Echevins, Conſuls, Capitouls & Jurats, tant anciens & my-triennaux, qu'alternatifs & my-
triennaux, ſoit qu'ils ſoient en exercice ou hors d'exercice,
de l'exemption de la taille perſonnelle dans nos Villes taillables, d'uſtancile, de collecte du ſel dans les païs d'impoſt, tutelle, curatelle, nomination à icelles, logement de gens de
guerre, contributions à iceux, guet & garde, & de toutes autres Charges de Ville & de Police; enſemble du droit de franc-
fiefs, du ſervice du ban & arriere-ban & contribution d'iceluy, & leurs enfans du ſervice de la milice; à l'effet de tous
leſquels privileges. Nous dérogeons à nos Edits & Declarations des mois d'Aouſt 1705. & Septembre 1706. Voulons
meſme qu'ils puiſſent faire toutes ſortes de commerce ſans
déroger auſdits privileges, & qu'ils ne puiſſent eſtre augmentez à la Capitation pour raiſon deſdits Offices. Jouiront pareillement leſdits Echevins, Conſuls, Capitouls & Jurats,
tant en exercice que hors d'exercice, de l'exemption des droits
d'entrée, tarifs & d'octroy dans les Villes de leur établiſſement pour les denrées de leur conſommation. Jouiront auſſi
leſdits Echevins, Conſuls, Capitouls & Jurats alternatifs &
my-triennaux pendant l'année de leur exercice, des mêmes
gages de Villes & autres retributions, que les Echevins électifs, enſemble des droits de robe, de la maniere & ainſi qu'en
jouiſſent les Maires & leurs Lieutenans. Ne pourront les
pourvûs deſdits Offices d'Echevins, Conſuls, Capitouls &
Jurats alternatifs & my-triennaux, eſtre contraints en leurs
perſonnes & biens pour raiſon de la collecte des tailles dans
les lieux où l'impoſition & la levée en eſt faite par les Echevins, Conſuls & Jurats, dont Nous les avons déchargez &
diſpenſez, en s'abſtenant par eux du maniement des deniers,
leſquels ſeront reçûs par les Echevins électifs ſeulement en la
maniere accoûtumée. Enjoignons pour cet effet aux Communautez dans leſquelles le nombre des Echevins électifs ne
ſera pas ſuffiſant pour aſſeurer le recouvrement de la taille,
de choiſir parmi les Habitans les plus ſolvables, des Collecteurs en nombre égal à celuy des Echevins en Charge qui ſe.

ront en exercice. Dans les Païs d'Etats, où les Confuls, Jurats ou autres Officiers municipaux des Villes & Communautez font en poffeffion d'eftre députez à la tenuë defdits
Etats, lefdits Confuls & Jurats alternatifs & my-triennaux
dans l'année de leur exercice, feront députez nez aufdits
Etats, & jouiront de tous les honneurs, profits & émolumens qui y font attachez; & attendu que dans plufieurs Villes & Communautez defdits Païs d'Etats les Offices de Maires, Lieutenans de Maires & Confuls ont efté éteints & fupprimez, Voulons que la députation aufdits Etats ne puiffe
être à l'avenir déferée qu'à ceux qui feront pourvûs des Offices de Confuls & Jurats alternatifs & my-triennaux créez
par le prefent Edit; Faifons pour cet effet défenfes aufdites
Communautez d'élire aucunes perfonnes autres que lefdits
Confuls & Jurats alternatifs & my-triennaux. Voulons pareillement que dans les lieux où les Offices de Maires ou de
leurs Lieutenans, tant anciens & my-triennaux, qu'alternatifs & my-triennaux, ont efté réunis aux Corps des Villes
& Communautez, & font actuellement remplis par ceux que
lefdites Villes & Communautez ont nommez, les pourvûs
des Offices créez par le prefent Edit foient élûs au moins
une fois chacun fuivant leur ordre à l'exclufion de tous autres pour exercer lefdits Offices, & ce à commencer dés la
premiere élection qui fera faite defdits Maires ou de leurs
Lieutenans. Les Echevins, Confuls, Capitouls & Jurats alternatifs & my-triennaux pendant l'année de leur exercice,
affifteront à toutes les affemblées de Villes, foit qu'elles
foient tenuës pour le fait de la Police dans les lieux où elle
appartient aux Hôtels de Villes, pour le logement des gens
de guerre ou autrement, en quelque forte & maniere que ce
foit, fans aucune exception, & y auront rang, féance & voix
deliberative immediatement après les Maires & leurs Lieutenans, lefquels feront tenus de donner avis aufdits Echevins
des affemblées tant generales que particulieres qu'ils jugeront
à propos de convoquer pour noftre fervice, ou pour le bien
des affaires de la Communauté. Préfideront lefdits Echevins
en exercice, en l'abfence des Maires & de leurs Lieutenans
pareillement en exercice, à toutes lefdites affemblées, &

les pourront convoquer en la forme & maniere que lesdits Maires & leurs Lieutenans auroient pû faire. Assisteront pareillement avec les Maires & leurs Lieutenans à la reception des Maistres dans les Corps & Communautez d'Arts & Métiers & des Jurez dans lesdits Corps, de mesme qu'aux taux des denrées dans les lieux où la Police appartient aux Hôtels de Villes, & en l'absence ou legitime empeschement desdits Maires & leurs Lieutenans, lesdits Echevins, Consuls, Capitouls, & Jurats presideront ausdites receptions & élections & taux des denrées qui ne pourront estre fait ailleurs qu'aux Hostels de Villes ou maisons communes. Seront presens à la reveuë des troupes & logement de gens de guerre, & feront lesdites reveuës & logemens en l'absence desdits Maires & leurs Lieutenans avec les Commissaires aux reveuës, à l'exclusion de tous autres Officiers. Dans les lieux où il n'y aura point d'Hôtel de Ville, lesdites assemblées se tiendront dans les maisons des Maires ou leurs Lieutenans en exercice, & en cas d'abscence ou legitime empeschement dans celles desdits Echevins, Consuls, Capitouls & Jurats pareillement en exercice. Faisons tres-expresses deffenses aux Maires ou leurs Lieutenans qui ne seront point en exercice, de les troubler dans lesdites fonctions, à peine de mille livres d'amende. Voulons que lesdits Echevins alternatifs & my-triennaux hors l'année de leur exercice, ayent entrée, rang, séance & voix deliberative dans toutes les assemblées de Villes generales ou particulieres ; immediatement après les Echevins électifs & en Charge qui seront en année. Voulons en outre que les Articles IV. & V. de nostre Edit du mois de Janvier 1704. soient executés en entier, Défendons pour cet effet aux Maires, leurs Lieutenans, & autres Officiers desdites Villes & Communautez, de recevoir ausdites assemblées aucuns particuliers, soit sous le titre de Conseillers de Villes, Prud'hommes, anciens Echevins ou autres semblables, ni de souffrir qu'ils jouïssent à l'avenir ausdits titres d'aucuns privileges, à peine d'interdiction de leurs Charges & de privation de leurs gages, laquelle peine sera declarée encouruë à la premiere contravention, attribuant pour cet effet toute Cour & Jurisdiction aux Sieurs Intendans & Commissaires

départis dans les Provinces. Dans toutes les assemblées &
ceremonies où le Corps de Ville se trouvera , lesdits Echevins , Consuls, Capitouls & Jurats , tant anciens & my-
triennaux , qu'alternatifs & my-triennaux dans l'année de
leur exercice , auront en l'absence des Maires & leurs Lieutenans en exercice , à l'exclusion des Maires & Lieutenans
de Maires qui ne seront pas en exercice & de tous autres, les
mêmes honneurs, prerogatives, prééminence , rang , séance,
fruits , profits & émolumens que lesdits Maires & leurs Lieutenans. Voulons à cet effet que tous les Edits ; Declarations,
Arrests & Reglemens rendus en faveur desdits Maires & leurs
Lieutenans, tant anciens & my-triennaux, qu'alternatifs &
my-triennaux , soient executez selon leur forme & teneur ,
de même que s'ils avoient esté expressément rendus en faveur
desdits Echevins, Consuls , Capitouls & Jurats. Voulons
que les pourvûs desdits Offices d'Echevins, Consuls, Capitouls & Jurats alternatifs & my-triennaux soient reçûs &
installez sans aucuns frais ny droits dans l'exercice & fonctions d'iceux par les Maires , leurs Lieutenans ou Echevins
actuellement en exercice. Et outre les gages de Villes &
droits dont jouissent lesdits Echevins, Consuls, Capitouls &
Jurats , Nous avons attribué & attribuons aux Echevins,
Consuls , Capitouls & Jurats alternatifs & my-triennaux
créez par le present Edit, quatre vingt treize mil sept cent
cinquante livres de gages effectifs , lesquels Nous avons créé
& créons à cet effet pour être repartis entre lesdits Officiers
suivant les Rôlles qui en feront arrestez en nostre Conseil sur
le pied du denier seize de leur finance, desquels quatre vingt
treize mille sept cent cinquante livres, les deux tiers tiendront
lieu de gages de la finance desdits Offices & l'autre tiers sera reputé augmentations de gages. Voulons que l'employ en
soit fait dans les estats de nos Finances de la presente année,
à compter du premier Avril prochain, pour leur estre payez
sur leurs simples Quittances , qui seront passées & allouées
sans aucune difficulté dans la dépense des estats & comptes
de ceux qui les auront payé, sans qu'il puisse cy-après leur
estre attribué aucunes augmentations de gages, sous quelque
pretexte que ce soit, dont Nous les déchargeons pour toû-

jours, Ne pourront lefdits gages & augmentations de gages
& droits appartenans aufdits Offices, être faifis par aucuns
créanciers, fi ce n'eft par ceux qui auront prefté leurs deniers pour l'acquifition defdits Offices, & lefdits particuliers auront leur privilege fpecial fur lefdits Offices en vertu
de leurs Contrats ou obligations, fans qu'il foit befoin d'en
faire mention dans les Quittances de Finance. Ne pourront
lefdits Officiers créez par le prefent Edit, eftre taxez cy-
après, foit pour fupplement de finance, confirmation de leurs
droits, privileges & exemptions, ou de l'heredité de leurs
Offices dans lefquels en tant que befoin feroit, Nous les
confirmons par le prefent Edit, enfemble leurs veuves, enfans ou ayans caufe. SI DONNONS EN MANDEMENT
à nos amez & feaux Confeillers, les Gens tenans noftre Cour
de Parlement, Chambre des Comptes & Cour des Aydes à
Paris, que nôtre prefent Edit ils ayent à faire lire, publier
& regiftrer, & le contenu en iceluy, garder & obferver felon
fa forme & teneur, nonobftant tous Edits, Declarations,
Reglemens & autres chofes à ce contraires, aufquels Nous
avons dérogé & dérogeons par le prefent Edit, aux Copies
duquel collationnées par l'un de nos amez & feaux Confeillers-Secretaires, Voulons que foy foit ajoûtée comme à l'O-
riginal : CAR tel eft noftre plaifir ; & afin que ce foit chofe
ferme & ftable à toûjours, Nous y avons fait mettre noftre
Scel. DONNE' à Verfailles au mois de Mars, l'an de grace
mil fept cent neuf, & de noftre Regne le foixante fixiéme.
Signé, LOUIS ; *Et plus bas* ; par le Roy, PHELYPEAUX.
Vûa, PHELYPEAUX. Veu au Confeil, DESMARETZ,
Et fcellé du grand Sceau de cire verte, en lacs de foye rouge
& verte.

Regiftrées, oüy, & ce requerant le Procureur General du Roy, pour
eftre executées felon leur forme & teneur, & copies collationnées en-
voyées aux Sieges, Bailliages & Senéchauffees du Reffort, pour y eftre
lûes, publiées & regiftrées ; Enjoint aux Subftituts du Procureur Ge-
neral du Roy d'y tenir la main, & d'en certifier la Cour dans un mois,
fuivant l'Arreft de ce jour. A Paris en Parlement le vingt Mars mil
fept cent neuf. Signé, DONGOIS.

2

Regiſtrées en la Chambre des Comptes, ouy & ce requerant le Pro-
cureur General du Roy, pour eſtre executées ſelon leur forme & teneur,
les Bureaux aſſemblez, le onze Avril mil ſept cent neuf.

Signé, RICHER.

Regiſtrées en la Cour des Aydes, ouy & ce requerant le Procureur
General du Roy, pour eſtre executées ſelon leur forme & teneur, & or-
donné copies collationnées d'icelles Lettres, eſtre inceſſamment envoyées
ès Sieges des Elections & Greniers à Sel du Reſſort de la Cour, pour y
eſtre lües, publiees & regiſtrées, l'Audiance tenant; Enjoint aux Subſ-
tituts dudit Procureur General du Roy d'y tenir la main, & de certifier
la Cour de leurs diligences au mois. A Paris, les Chambres aſſemblees,
le dix May mil ſept cent neuf.

Signé, ROBERT.

Collationné à l'Original par Nous Ecuyer-Conſeiller,
Secretaire du Roy, Maiſon Couronne de France & de
ſes Finances.

A PARIS, Chez la Veuve SAUGRAIN, & PIERRE PRAULT
Imprimeur des Fermes & Droits du Roy, Quay de Geſvres,
au Paradis. 1723.

EDIT DU ROY,

Portant Création d'Offices de Greffiers Alternatifs & Triennaux dans les Villes de Paris & Lyon & dans tous les Hostels de Ville du Royaume.

Et de Sergens, Archers, Herauts, Hoquetons, Maßarts, Valets de Ville, Trompettes, Tambours, Fifres, Portiers & Gardes dans lesdits Hostels de Ville.

Donné à Versailles au mois de Mars 1709.

Regiftré en Parlement le 24 Avril audit an.

LOUIS par la grace de Dieu Roy de France & de Navarre : A tous presens & à venir, SALUT. L'attention avec laquelle Nous avons toûjours defiré que les affaires municipales des Villes & Communautez de noftre Royaume fuffent gouvernées, Nous a engagé à créer par differents Edits des Maires, Lieutenans de Maires & autres Officiers Alternatifs dans les Hoftels defdites Villes & Communautez ; & comme Nous defirons y établir l'uniformité, Nous avons refolu d'y créer auffi des Greffiers Secretaires Alternatifs, & en même tems d'eriger en titre d'Offices les Sergens, Herauts, Hocquetons, Maflarts, Valets de Ville, Trompettes, Tambours, Fifres, Portiers, Gardes & autres Officiers, fous quelque dénomination que fe puiffe eftre, qui en font actuellement les fonctions par commiffion ou nomination des Maires, Lieutenans & autres Officiers defdites Villes & Communautez, afin que ces Officiers eftant permanans, s'attachent à remplir leurs devoirs avec plus d'exactitude & de probité. A CES CAUSES & autres à ce Nous mouvans, de noftre certaine fcience, pleine puiffance & autorité Royale, Nous avons par le prefent Edit perpetuel & irrevocable, créé & érigé, créons & érigons en titres formez & hereditaires des Offices de Secretaires Greffiers Alternatifs & Triennaux en nos bonnes Villes de Paris & Lyon, & en chacune des autres Villes & Communautez de noftre Royaume, Païs, Terres & Seigneuries de noftre obéïffance, où il y a exercez alternativement d'année en année avec ceux qui font Pourvûs de pareils Offices, en execution de nos Edits des mois de Juillet 1622. May 1633. & 1634. Juin 1635. Mars, Juillet & Octobre 1690. & autres, aufquels anciens Officiers Nous avons par le prefent Edit réüni & réüniffons la moitié de l'Office triennal, pour ne compofer qu'un feul & même Corps d'Office, fous le titre d'ancien & my-triénnal, fans que pour raifon de ce, ils foient obligez de Nous payer aucune finance, dont Nous les déchargeons par le prefent Edit. Lefdits Secretaires Greffiers alternatifs & my-triennaux drefferont dans l'année de leur exercice, & redigeront par écrit toutes les déliberations qui feront prifes dans les Affemblées generales & particulieres defdites Villes & Communautez ; affifteront à la reddition & cloftures des comptes des deniers communs, patrimoniaux, & autres biens & revenus des Villes, & ceux des Hôpitaux, Hoftels-Dieu, Fabriques, Confreries & autres qui ont coûtume d'eftre rendus pardevant les Officiers de Ville, en écriront les Apoftilles, debats ou admiffions ; recevront & écriront les Procés verbaux des baux à fermes, prix fait, encheres, & furdites, baux au rabais pour les entreprifes, reparations & autres affaires defdites Communautez, cautionnemens, Quittances, Mandemens pour délivrance de deniers, procurations, députations, élections des Officiers municipaux, receptions, preftations de ferment, inftalation d'iceux, Sentences, Jugemens, & tous autres actes & déliberations defdites Villes & Communautez. Voulons que conformement aux Lettres Patentes du mois de Juin 1619. regiftrées où befoin a efté tous baux, adjudications, mandemens, ordonnances, certificats, légalifations au fujet defdites Villes & Communautez, Hôpitaux, Hoftels-Dieu, Fabriques, Confreries, qui feront reçûës & fignées par lefdits Greffiers Secretaires faffent foy, foient executoires & portent hypoteques, avec pareille force & vertu que s'ils eftoient reçûs & paffez pardevant Notaires ou autres perfonnes publiques, fans que lefdits Greffiers Secretaires puiffent y eftre troublez, fous quelque pretexte que ce puiffe eftre, à peine de cinq cens livres pour chacune contravention. Voulons conformément à l'Edit du mois de Juin 1695. que lefdits Greffiers Secretaires, tant anciens, qu'alternatifs & my-triennaux, foient payez de leurs falaires & pour les expeditions qu'ils délivreront, fur le même

pied que le font les Greffiers des Jurifdictions ordinaires ; expédie-
ront fous les Magiftrats defdites Villes & Communautez, & figneront les Bulletins des Logemens des Gens de Guerre, toute, Certifications, Atteftations, Paffe-ports & Billets de fanté ; tiendront
les Livres de compoix ou cadaftres des Villes & Communautez
où l'ufage eft établi, les drefferont & écriront lorfqu'ils feront
renouvellez ; la revifion & recollement des titres, papiers, enfei-
gnemens & autres Actes concernan, lefdites Villes & Communautez, fera faite annuellement fur l'Inventaire d'iceux qui fera remis
avec la clef des Archives par le Secretaire-Greffier fortant d'exercice, à celui qui y entrera & qui s'en chargera fur le Regiftre des
déliberations de l'Hoftel de Ville. Dans les Marches & Ceremonies publiques où le Corps de Ville ira feul, les Greffiers-Secretaires, tant anciens, qu'alternatifs, chacun dans fon année d'exercice, marcheront à la gauche de nos Procureurs & avant les Receveurs des Deniers d'Octroy & Patrimoniaux, Confeillers de
Ville & anciens Efchevins, & où les Officiers des Jurifdictions
Royales ordinaires iront avec le Corps de Ville, lefdits Greffiers-
Secretaires figneront & marcheront à la gauche des Greffiers des
Jurifdiction; Royales. Faifons défenfes aux Secretaires-Greffiers
hors d'exercice de s'immifcer en aucunes des Fonctions defdits
Offices, à peine de cinq cens livres d'amende. Et attendu qu'il y
a de, Provinces, Villes & Communautez qui ont réuni, été nt &
fupprimé lefdits anciens Offices de Greffiers-Secretaires, ou rembourfé ceux qui s'en étoient fait pourvoir, Voulons que les Fonctions foient faites annuellement dans lefdites Villes & Communautez par lefdits Greffiers-Secretaires alternatifs créez par le
prefent Edit, fans que lefdites Villes & Communautez foient
neanmoins tenuës de leur payer aucuns Gages pour l'année dans
laquelle les Fonctions defdits Offices auroient été faites par des
Officiers en titre, s'ils n'avoient été réunis, éteints, fupprimez
ou rembourfez ; joüiront feulement lefdits Officiers alternatifs
prefentement créez des Sucres, Bougies & autres émolumens
cafuels, & des falaires ordinaires pour leurs vacation, & Expeditions, de même que tous les droits honorifiques & de députation.
Toutes perfonnes graduées & non graduées, foit Officiers ou autres, pourvûs qu'elles foient âgées de vingt-deux ans accomplis,
feront reçuës à fe faire pourvoir defdits Offices de Secretaires-
Greffiers des Hôtels de Ville, Alternatifs & mi-Triennaux créez

par le prefent Edit, fur les quittances du Treforier de nos Revenus Cafuels, de la Finance qu'ils auront payée pour l'acquifition
d'iceux, pour les tenir & exercer fans incompatibilité d'autres
Offices, Trafic ou Negoce, dérogeant pour ce regard à tous Edits,
Declarations & autres difpofitions contraires, & en joüiront hereditairement; & en cas de decez, leurs veuves, heritiers ou ayant
caufes pourront difpofer en faveur de telles perfonnes capables
que bon leur femblera, aufquelles toutes Lettres de Provifions
feront expediées & fcellées fur leurs démiffions. Les acquereurs
defdits Offices feront reçûs & inftalez aux Fonctions d'iceux,
aprés Serment par eux prêté aux Maires en charge des Villes &
Communautez de leur établiffement ou de leurs Lieutenans en
leur abfence, aufquels nous enjoignons d'y proceder fans délay,
dés qu'il leur fera apparu de nos Lettres de Provifions & fans frais.
Difpenfons ceux qui acquereront lefdits Offices de prendre des
Provifions ni de prêter nouveau Serment, s'ils font pourvûs de
quelque Office de Judicature ou Officiers en titre des Hôtels de
Ville & Maifons communes, & joüiront defdits Offices, Gages,
Profits & émolumens, en vertu des fimples Quittances du Treforier de nos Revenus Cafuels. Ne pourront les Pourvûs defdits
Offices, tant anciens qu'Alternatifs & my-Triennaux, leurs fucceffeurs ou ayant caufes eftre rembourfez à l'avenir du prix de
leurs Offices par les Villes, Communautez, Païs d'Eftats, ni par
les Seigneurs des lieux de leur établiffement, revoquant toutes
autres difpofitions contraires, aufquelles Nous avons expreffement dérogé & dérogeons par le prefent Edit. Joüiront les Pourvûs defdits Offices créez par le prefent Edit dans les années de
leur exercice, de tous les anciens Gages, Profits Emolumens,
fucres, bougies & autres retributions que les Villes & Communautez avoient coûtume de payer aux Greffiers Commis defdites
Villes & Communautez avant l'Edit du mois de Juillet 1690. &
dont ont joüi ou dû joüir ceux qui fe font faits pourvoir defdits
Offices en execution dudit Edit, & de pareils droits, profits & émolumens attribuez aux Controlleurs defdits Greffiers-Secretaires,
par leur Edit de création du
& en outre des Gages qui leur feront reglez par les Rolles que
Nous ferons arrefter en nôtre Confeil de la Finance qu'ils Nous
payeront pour l'acquifition defdits Offices, dont les deux tiers
tiendront lieu de Gages de ladite Finance, & l'autre tiers fera re

puté augmentations de Gages, defquels Gages & Augmentations
de Gages l'employ fera fait annuellement dans les mêmes Etats de
nos Finances où les Gages de Maires & Lieutenans de Maires font
employez, pour leur eftre payé fur leurs fimples quittances, qui
feront paffées & alloüées fans aucune difficulté dans les comptes
de ceux qui en auront fait le payement, fans qu'ils puiffent cy-
aprés leur eftre attribué aucunes autres Augmentations de Gages
fous quelque pretexte que ce foit. Joüiront lefdits Secretaires-
Greffiers, tant anciens, Alternatifs & my-Triennaux, foit qu'ils
foient en exercice ou hors d'exercice, de l'exemption de la taille
perfonnelle dans nos Villes & Païs taillables, à moins qu'ils ne
faffent Commerce ou Negoce en détail, d'Uftancile, de Collecte
de Taille & de Sel, de Tutelle, Curatelle, nominations à icelles,
Logemens de Gens de Guerre, de Ban, Arriere-Ban, Aydes &
contribution à iceux, Guet, Garde Sequeftre eux & leurs Enfans,
du fervice de la Milice, & de toutes autres charges de Ville & de
Police, dérogeant à cet effet à nos Edits & Déclarations des mois
d'Aouft & Septembre 1706. Voulons que les Acquereurs defdits
Offices qui font Commerce de Marchandife en détail, foient &
demeurent fixez aux cottes de la Taille & Capitation qu'ils payent
actuellement, fans qu'ils puiffent y eftre augmentez pour raifon
de l'acquifition des Offices, ni fous quelqu'autre pretexte que ce
foit, fi ce n'eft au fol la livre en cas d'augmentation feulement.
Ne pourront lefdits Secretaires-Greffiers prefentement, créez,
eftre contraints ni obligez fous quelque pretexte & pour quelque caufe & raifon que ce foit, de prendre du franc-falé en execution de nos Declarations des 11. Août 1705. & 12. Janvier 1706.
dont Nous les déchargeons pour toûjours, comme auffi de toutes
taxes, foit fuppléement de Finance, confirmation de leurs droits,
privileges & exemptions, ou de l'heredité de leurs Offices, dans
laquelle heredité en tant que befoin, Nous les confirmons par
le prefent Edit ; enfemble leurs veuves, enfans, heritiers ou ayant
caufe. Les Acquereurs defdits Offices y feront reçûs & inftalez
aprés le ferment par eux prêté aux Maires des Villes & lieux,
leurs Lieutenans en leur abfence, ou aux Confuls en charge defdites Villes & Communautez, dérogeant pour ce regard à l'Article VIII. dudit Edit du mois d'Octobre 1690. que Nous voulons
au furplus eftre executé felon fa forme & teneur, tant en ce qui
concerne lefdits anciens Offices, que les Alternatifs & my-Trien-

naux créez par le present Edit. Permettons à celui qui sera par Nous chargé de l'execution du present Edit, de commettre aux fonctions des Offices créez par icelui, en attendant la vente. Joüiront lesdits Secretaires-Greffiers des Villes & Communautez de nôtre Royaume, tant anciens; qu'Alternatifs & my Triennaux, de tous les droits, émolumens, honneurs, prérogatives, rang, séance, privileges & exemptions à eux attribuez par nos precedens Edits, Declarations, Arrests & Reglemens rendus en consequence, ainsi & de même que s'ils étoient énoncez par le present Edit. N'entendons pareillement déroger aux Usages & Coûtumes des Villes & lieux plus avantageux aux Offices presentement créez, lesquels au contraire Nous avons confirmez & confirmons par nôtre present Edit. Et de la même autorité que dessus, Nous avons pareillement créé & érigé, créons & érigeons en titre d'Offices formez & hereditaires, pareil nombre d'Archers, Herauts, Hocquetons, Massarts ou Valets de Ville, sous quelque dénomination que ce puisse estre, de Trompettes, Tambours, Fifres, Portiers, Gardes & autres Officiers qui en font actuellement les fonctions par commission ou nomination des Maires, Lieutenans ou autres Officiers desdites Villes & Communautez, pour par lesdits Sergens de Ville & autres Officiers faire les mêmes & semblables fonctions que font ceux qui exercent lesdits Offices par commission ou nomination, sous les ordres des Maires Eschevins ou autres Officiers des Villes & lieux. Les Sergens de Ville signifieront & mettront à execution, à l'exclusion de tous Huissiers, Sergens & autres, les Sentences & Jugemens rendus par les Maires & Eschevins, les Mandemens, Ordonnances, sommations & generalement tous autres Actes émanez de l'Hostel de Ville, de quelque nature qu'ils soient, & seront payez des mêmes droits & salaires que ceux qui se payoient aux autres Huissiers & Sergens chargez de l'execution desdits Actes, ausquels Nous faisons tres-expresses inhibitions & défenses de s'y immiscer à l'avenir, à peine de cent livres d'amende pour la premiere contravention & de destitution de leurs Offices en cas de récidive. Les Trompettes & Tambours presentement créez feront exclusivement à tous autres, les Publications de Paix ou de Guerre, Proclamations & autres Actes à cry Public, émanez tant des Hostels de Ville, que de la part des Officiers de Police. Faisons défenses aux Officiers de la Milice de nommer & commettre pour leurs exercices Militaires autres que lesdits **Trompettes**, **Tambours** & **Fifres** qui feront payez de leurs falaires ordinaires & accoûtumez. Les Portiers & Gardes auront foin de tenir leurs Portes & Barrieres fermées, de prendre tous les foirs les ordres des Maires en charge, & auront leurs Logemens dans lefdites Portes exclufivement à tous autres, fans payer aucunes chofes Seront tous lefdits Sergens & autres Officiers reçûs & inftallez aux Fonctions defdits Offices par les Maires & Échevins en charge defdites Villes & lieux, aprés avoir prefté ferment en la maniere accoûtumée & fait apparoir de la Quittance du Treforier de nos revenus cafuels, de la Finance qu'ils auront payée pour l'acquifition defdits Offices qu'ils exerceront, fans eftre tenus de prendre nos Lettres de Provifions, dont Nous les avons difpenfez & difpenfons par le prefent Edit pour la premiere fois feulement, aufquels Sergens & autres Officiers defdites Villes & Communautez Nous avons attribué & attribuons des gages au denier vingt de la Finance qui fera reglée par les Rolles que Nous en feront arrefter en noftre Confeil, & dont le fonds fera annuellement employé dans les Eftats de nos Finances de chaque Generalité. Outre les gages cy deffus attribuez aufdits Offices, V O U L O N S & entendons qu'ils joüiffent de tous les autres gages, falaires, retributions, profits, émolumens, cafaques, livrées & autres gratifications que les Villes & Communautez avoient & ont accoûtumé de donner, fans que lefdites Villes puiffent s'en difpenfer, fous quelque pretexte que ce foit, comme auffi qu'ils joüiffent de tous les Privileges & exemptions dont ont joüi & joüiffent ceux qui ont exercé lefdits Offices par commiffion. S'il intervient quelques conteftations fur l'execution du prefent Edit, Voulons qu'elles foient reglées en noftre Confeil, auquel en avons refervé la connoiffance, & icelle interdite à toutes nos Cours & Juges. Permettons à ceux qui requereront les Offices créez par le prefent Edit, d'emprunter les fommes neceffaires, & de les affecter & hypotequer par privilege à ceux qui auront prefté leurs deniers, fans qu'il foit befoin d'en faire mention dans les Quittance de Finances. Si DONNONS EN MANDEMENT à nos amez & feaux Confeillers, les Gens tenans noftre Cour de Parlement, Chambre des Comptes & Cour des Aydes à Paris, que noftre prefent Edit ils ayent à faire lire, publier & regiftrer, & le contenu en iceluy, garder & obferver felon fa forme & teneur, nonobftant tous

Edits, Declarations ; Arreſt , reglemens & autres choſes à ce
contraires , auſquels Nous avons dérogé & dérogeons par le preſent Edit , aux copies duquel collationnées par l'un de nos amez
& ſeaux Conſeillers Secretaires , Voulons que foy ſoit ajoutée
comme à l'Original ; C.a r tel eſt noſtre plaiſir ; Et afin que ce
ſoit choſe ferme & ſtable à toûjours, Nous y avons fait mettre
noſtre Scel. D o n n e' à Verſailles au mois de Mars , l'an de
grace mil ſept cens neuf : Et de noſtre Regne le ſoixante-ſixiéme.
Signé , L O U I S ; Et plus bas , Par le Roy, P h e l y p e a u x. Viſa
P h e l y p e a u x. Veu au Conſeil , D e s m a r e t z. Et ſcellé du
grand Sceau de cire verte , en lacs de ſoye rouge & verte.

*Regiſtrées , Oüi & ce requerant le Procureur General du Roy , pour
eſtre executées ſelon leur forme & teneur ; & copies collationnées
envoyées aux Bailliages & Senechauſſées du Reſſort, pour y eſtre
lûës publiées & Regiſtrées ; Enjoint aux Subſtituts du Procureur
General du Roy , d'y tenir la main, & d'en certifier la Cour dans
un mois ; ſuivant l'Arreſt de ce jour. A Paris en Parlement le
vingt-quatre Avril mil ſept cens neuf.*
Signé , D o n g o i s.

`Collationné à l'Original , par Nous Conſeiller Secretaire
du Roy, Maiſon, Couronne de France & de ſes Finances.

A P A R I S , Chez la Veuve S a u g r a i n , & P. P r a u l t,
à l'entrée du Quay de Geſvres, au Paradis. 1723.

EDIT DU ROY,

QU I réunit en un feul & même corps d'Offices les Maires &, Lieutenans de Maires alternatifs & triennaux des Villes, & les Greffiers & Controlleur alternatifs des Hôtels de Ville, aux anciens, fous le titre d'anciens alternatifs & triennaux.

Donn: à Verfailles au mois d'Avril 1710.

LOUIS par la grace de Dieu Roy de France & de Navarre : A tous prefens & à venir, Salut. par noftre Déclaration du vingt-fix Fevrier 1709. Nous avons réuni les Offices de nos Confeillers-Maires & Lieutenans de Maires, alternatifs & my triennaux, créez par Edit du mois de Decembre 1706. aux pourvûs des anciens Offices créez par autres Edits des mois d'Aouft 1691. & May 1702. pour ne compo-fer à l'avenir qu'un feul & même corps d'Office, & eftre poffedé & exercé fous le titre de Maires & Lieutenans de Maires, anciens, alternatifs & triennaux, aux honneurs, rangs, féances, préemi-nences, droits, émolumens, profits, gages, augmentations de ga-ges, privileges & exemptions portées par lefdits Edits, en payant le tiers de la finance qu'ils avoient payé à nos Revenus Cafuels pour quifition defdits anciens Offices, & Nous aurions ordonn é que dans les Villes, lieux & Communautez du Royaume où lefdits anciens Offices n'avoient efté vendus ni réünis, ils feroient vendus à la dili-gence de celui par Nous chargé de l'exeĉution dudit Edit du mois de Decembre 1706. à l'effet de quoi nous aurions réüni ledit titre d'an-cien Maire ou Lieutenant à ceux d'alternatifs & triennaux, pour en joüir par les acquereurs, comme d'un feul corps d'Office; Et par au-tre Edit du mois de Mars 1709. Nous avons créé des Offices de Se-cretaires-Greffiers alternatifs & my-triennaux en nos bonnes Villes de Paris & Lyon, & en chacune des autres Villes & Communau-tez de noftre Royaume où il y a Hoftel de Ville & Maifon commune; enfemble des Offices d'Archers, Sergens, Herauts, Hocquetons,

12

Valets de Ville & autres, fous quelque dénomination que ce puiffe eftre;
de Trompettes, Fiffres, Tambours, Portiers, Gardes & autres Officiers, dont les fonctions eftoient actuellement exercées fur les nominations & commiffions des Maires, Lieutenans & autres Officiers municipaux defdites Villes & Communautez ; & fur les remontrances
qui Nous ont efté faites, tant par les pourvûs des anciens Offices de
Greffiers-Secretaires que par les Villes & Communautez qui en ont
réuni le titre, que s'il Nous plaifoit de leur réunir lefdits Offices
alternatifs & my-triennaux fur le pied du tiers de la finance qu'ils ont
payée lors de leur acquifition ou réunion, comme Nous l'avons ordonné pour celle des Maires & Lieutenans alternatifs aux anciens, par ladite Declaration du vingt-fix Fevrier 1709. pour en joüir comme d'un
feul corps d'Office, fous le titre d'ancien, alternatif & triennal, ils
feroient leurs efforts pour payer ce fuppléement de finance, dans les
termes qu'il Nous plairoit de regler, en les maintenant & confirmant
dans la joüiffance de leurs privileges & exemptions, nonobftant les difpofitions contraires de la Declaration du onze Juin 1709. à l'execution
de laquelle ils Nous fupplioient tres-humblement de deroger à leur
égard. Es lefdits Maires, Lieutenans & Echevins des Hoftels de Ville
Nous auroient pareillement fait remontrer que de tout temps les Archers, Sergens, Trompettes, Tambours & autres petits Officiers
qui font aux gages & appointemens defdites Villes, ont efté à leur nomination ; que fi ces commiffions eftoient exercées par des titulaires,
la faculté d'inftituer & deftituer ceux qui s'en feroient pourvoir, en
laquelle ils ont efté maintenus & confirmez par les Articles XXIV. &
L. de l'Edit du mois de Decembre 1706. feroit aneantie, la fubordina-
tion mal obfervée, & noftre fervice & celui defdites Vi les tout-à-fait
negligé. A ces causes & autres à ce Nous mouvans, de l'avis de
noftre Confeil, & de noftre certaine fcience, pleine puiffance & autorité Royale, Nous avons par le prefent Edit perpetuel & irrevocable, dit & ordonné, difons & ordonnons, que dans les Villes, lieux
& Communautez de noftre Royaume, Païs, Terres & Seigneuries
de noftre obeïffance, où lefdits Offices de nos Confeillers-Maires &
Lieutenans, tant anciens, qu'alternatifs & triennaux, n'ont efté vendus ni réunis, & de la vente defquels Nous avions chargé par l'Article
V I I de noftre Declaration du vingt fix Fevrier 1709. celui par Nous
prépofé à l'execution dudit Edit du mois de Decembre 1706. foient &
de neures réunis en un feul & mefme corps d'Office, aufdites Villes,
ieux & Communautez, fous le titre de Maire & Lieutenant de Maire anciens, alternatifs & triennaux ; & dans celles où lefdits Offices
de Maires & Lieutenans alternatifs ont efté vendus ou réunis, & où
lefdits anciens ne l'ont pas efté, Nous avons réuni & réuniffons pareillement aufdites Villes & Communautez, lefdits Offices de Maires &
Lieutenans, anciens & mytriennaux, pour faire & difpofer à l'avenir

defdits Offices, comme de chofes à elles appartenant ; commettre aux fonctions d'iceux tels de leurs Officiers municipaux , & pour le temps qu'elles aviferont bon eftre , même leur permettons de les vendre & défunir , fi bon leur femble ; & en cas de défunion, Voulons que toutes Lettres de provifions foient expediées & fcellées fur les contrats de vente qui feront rapportez par les Acquereurs, lefquels ne feront tenus de payer les droits d'enregiftrement, marc d'or & fceau, que pour un feul & mefme Office, fuivant les tarifs arreftez en noftre Confeil, pour joüir tant ceux qui pourroient acquerir lefdits Offices defdites Villes & Communautez, que ceux qu'elles commettront à l'exercice & fonctions d'iceux, aux fonctions, honneurs, privileges, rangs , , féances, préeminences, prérogatives, droits honorifiques & autres immunitez portées par les Edits des mois d'Aouft 1692. May 1702. Decembre 1706. Declaration du vingt-fix Fevrier 1709. Arrefts & Reglemens intervenus en confequence ; & en cas de troubles de la part de nos Officiers ou ceux des Seigneurs, les condamnons en cinq cens livres d'amende, qui ne pourra eftre reputée comminatoire, remife ni moderée. Et de la mefme autorité que deffus, Nous avons par le prefent Edit , créé & érigé, créons & érigeons en titre formé & hereditaire des Offices de Controlleurs alternatifs & triennaux des Greffes des Hoftels de Ville , de l'écritoire & des Commiffaires aux revuës & Logemens de Gens de Guerre, lefquels Nous avons réunis & incorporez , réuniffons & incorporons aufdits Offices de Secretaires-Greffiers alternatifs & triennaux , créez par autre Edit du mois de Mars 1709. aufquels par l'Article XVI. dudit Edit , Nous avons attribué les mefmes & femblables droits, profits & émolumens dont joüiffent les Controlleurs des anciens Greffiers-Secretaires, ainfi qu'ils font reglez par leur Edit de création du mois de Janvier 1704. lefquels Offices de Greffiers-Secretaires & Controlleurs alternatifs & triennaux , qui n'auront efté vendus ni réunis jufqu'au jour de l'enregiftrement du prefent Edit , Nous avons pareillement réunis & incorporez aux pourvûs des anciens Offices de Greffiers-Secretaires & Controlleurs defdits Greffes des Hoftels de Ville, de l'Ecritoire, & des Commiffaires aux Revuës & Logemens de Gens de Guerre, créez par Edits des mois de Juillet 1622. May 1633. & 1634. Juin 1635. Mars, Juillet & Octobre 1690. & Janvier 1704. ou aux Villes & Communautez qui les ont réunis ou rembourfé ceux qui s'en eftoient fait pourvoir , pour ne compofer à l'avenir qu'un feul & mefme corps d'Office , qui fera poffedé fous le titre de Greffiers-Secretaires & Controlleurs anciens , alternatifs & triennaux des Hoftels de Ville , & les fonctions d'iceux faites annuellement & fans interruption par les titulaires, ou par ceux qui feront nommez par lefdites Villes & Communautez, aux droits , émolumens , falaires, vacations, expeditions, anciens gages, fucres, bougies & autres retributions que les Villes & Communautez avoient coûtume de payer à ceux qu'elles commettoient aux fonctions desdits Greffes avant l'Edit du mois de Juillet 1690. rangs dans les marches & proceffions, privileges, exemptions & autres immnnitez portées par lefdits Edits, & notamment par celui du mois de Mars 1709. Declarations, Arrefts & Reglemens rendus en confequence, dont Nous voulons que lefdits Greffiers-Secretaires joüiffent pleinement & paifiblement ; derogeons à cet effet à toutes les difpofitions contraires, & notam.nent à noftre Declaration du onze Juin dernier. Et en confideration de ladite réunion, Voulons que lefdits anciens pourvûs qui n'ont point acquis d'augmentation de gages en execution de l'Edit du mois de Novembre 1704. ou qui n'auront payé qu'à compte, foient & demeurent déchargez de la totalité defdites augmentations de gages, ou de ce qui leur refte à payer des fommes pour lefquelles ils ont efté employez dans les Rolles arreftez au Confeil en execution dudit Edit, au moyen de quoi lefdits Rolles demeureront nuls à leur égard, le tout à la charge par les pourvûs defdits anciens Offices de Greffiers-Secretaires & Controlleurs, & aux Villes & Communautez qui ont réuni ou rembourfé ceux qui s'en eftoient fait pourvoir, de Nous payer les fommes aufquelles ils feront taxez par les Rolles que Nous feront arrefter en noftre Confeil, que Nous avons reduites & moderées au tiers de la finance qu'ils Nous ont payée pour l'acquifition ou réunion defdits anciens Offices ; & les deux fols pour livre defdites fommes, moitié un mois après la fignification qui leur fera faite defdits Rolles, & l'autre moitié deux mois après, paffé lequel temps, Voulons & Nous plaift, que lefdits anciens pourvûs foient contraints pour le tout , comme il eft accoûtumé pour nos deniers & affaires, & encore au payement de la totalité des augmentations de gages, fuivant les Rolles dans lefquels ils ont efté employez, qu'ils foient & demeures déchûs de la joüiffance des privileges à eux attribuez par leurs Edits de créations, & que noftre Declaration du onze Juin dernier foit executée felon fa forme & teneur ; que ceux dont la finance eft de dix mille livres & au-deffus foient contraints au payement des fommes pour lefquelles ils feront employez dans lefdits Rolles, tant par corps que par faifies de leurs meubles & faifies réelles de leurs Offices & autres immeubles, dont le decret fera pourfuivi à la Barte des Cours des Aydes du Reffort, aufquelles Nous en avons attribué & attribuons toute Jurifdiction, après que lefdites faifies réelles auront efté regiftrées au Bureau du Commiffaire aux Saifies réelles, aux Greffes defdites Cours, & à ceux des Sieges de l'établiffement defdits Greffiers-Secretaires & dénoncées à leur domicile, avec affignation efdites Cours, pour fournir dans huitaine leur procuration *ad refignandum* ; faute de quoi, Voulons que les Arrefts qui interviendront fur icelle vaillent refignation, pour eftre enfuite procedé à l'adjudication pure & fimple defdits Offices & autres immeubles, au plus offrant & dernier en-

chevaucheur, nonobstant toutes oppositions, après trois publications , de
huitaine en huitaine, sans qu'il soit besoin d'observer les delais portez
par les Edits des mois d'Aoust 1669. & Fevrier 1683. ausquels Nous
avons expreffément dérogé & dérogeons pour ce regard seulement , ce
que Nous voulons pareillement estre obfervé à l'égard des pourvus des
anciens Offices de Maires & Lieutenans, ausquels Nous avons réuni
les alternatifs par noftre Declaration du vingt-fix Fevrier 1709. fuivant & conformément aux difpofitions de l'Arreft de noftre Confeil
du onze Fevrier dernier, que Nous voulons & ordonnons eftre execu é
felon fa forme & teneur ; à l'effet de quoi , Nous en avons pareillement
attribué toutes Jurifdictions & connoiffance aufdites Cours des Aydes,
pour eftre fur le prix qui proviendra des chofes faifies, les fommes
dont lefdits anciens Maires, Lieutenans & Greffiers-Secretaires font
tenus envers Nous pour la réunion defdits Offices alternatifs , payées
audit Prépofé par privilege & preference à tous créanciers , à l'exception de ceux feulement qui auront presté leurs deniers pour l'acquifition defdits anciens Offices , & au profit defquels il aura efté fait
declaration dans les quittances de finance & non autrement , nonobftant tous contrats , obligations & autres actes pofterieurs ; ce que
Nous voulons eftre pareillement obfervé à l'égard des Offices dont la
finance eft audeffous de dix mille livres. Et attendu qu'il y a pareillement plufieurs Villes & Communautez où lefdits anciens Offices de
Greffiers-Secretaires & de Controlleurs des Greffes nos Hoftels de
Ville , de l'Ecritoire & de Commiffaires aux revûës , où les alternatifs
& mytriennaux n'ont efté vendus ni réunis, Voulons pareillement
qu'ils foient & demeures réunis en un feul corps d'Office aufdites Villes & Communautez , fous le titre de Greffiers- Secretaires & Control-
lours anciens , alternatifs & triennaux des Greffes des Hoftels de Villes
& Communautez ; & dans celles où les alternatifs ont efté vendus ou
réunis , & où lefdits anciens ne l'ont pas efté , Nous avons pareillement réuni & réuniffons aufdite Villes & Communautez lefdits anciens Offices , pour en faire & difpofer fuivant & conformément à la
faculté que Nous leurs avons cy-deffus accordée pour lefdits Offices
de Maires & Lieutenans de Maires. Et voulant favorablement traiter
les Maires, Lieutenans de Maires & Echevins des Villes & Communautez , à l'égard des Offices d'Archers , Sergens , Herauts , Hocquetons , Maffarts , Valets de Ville , Trompettes , Tambours , Fifres ,
Portiers , Gardes & autres Officiers dont la nomination leur a toûjours
appartenu , & dont Nous avons érigé les Commiffions en titre par
noftre Edit du mois de Mars 1709. Nous avons de la mefme autorité
que deffus, réuni & réuniffons lefdits Offices au Corps des Villes &
Communautez , au moyen de quoi lefdites places d'Archers , Sergens ,
Herauts , Hocquetons , Maffarts , Valets de Ville , Trompettes ,
Tambours , Fifres , Portiers & autres , continuëront d'eftre à la no-

mination defdits Maires Lieutenans & Efchevins, qui les pourront inftituer & deftituer, & leur feront fubordonnez ainfi & de la mefme
maniere qu'ils l'eftoient avant ledit Edit du mois de Mars 1709. en
Nous payant par lefdites Villes & Communautez, les fommes pour
lefquelles lefdits Offices feront employez dans les Rolles que Nous en
ferons arrefter en noftre Confeil, & les deux fols pour livre d'icelles,
moitié un mois après la fignification defdits Rolles, & l'autre moitié
deux mois après. Voulons conformément à l'article XXVI. dudit
Edit du mois de Mars 1709. que les Sergens de Ville qui feront nommez par lefdits Maires, Lieutenans & Efchevins, ayent la liberté
de fignifier & mettre à execution privativement à tous Huiffiers,
Sergens & autres, les Sentences & Jugemens rendus par les Maires,
Lieutenans & Efchevins, les Mandemens, Ordonnances, Sommations, & generalement tous actes émanez des Hoftels de Ville, de
quelque nature qu'ils foient, pour raifon de quoi ils feront payez des
mefmes droits & falaires que ceux qui fe payent aux autres Huiffiers
& Sergens, aufquels Nous faifons tres-expreffes inhibitions & deffenfes de s'y immifcer, à peine de cent livres d'amende pour la premiere
contravention, & de deftitution en cas de recidive, aufquels Offices de Maires, Lieutenans, Greffiers-Secretaires, Controlleurs alternatifs & mytriennaux, Archers, Sergens & autres petits Officiers
des Hoftels de Ville, réunis par le prefent Edit aux pourvûs des anciens Offices, ou aufdites Villes & Communautez, Nous avons conformément aufdits Edits des mois de Decembre 1706. & Mars 1709.
attribué des gages au denier vingt, de la finance qui fera reglée par
les Rolles de réunion defdits Offices que Nous ferons arrefter en noftre Confeil, dont les deux tiers tiendront lieu de gages, & l'autre tiers
d'augmentations de gages, dont l'emploi fera fait annuellement dans
les états de nos finances, pour eftre payez aux anciens pourvûs, ou aux
Maires & Efchevins defdites Villes & Communautez, aufquelles la
réunion defdits Offices eft ordonnées par le prefent Edit, lefquels gages & augmentations de gages feront payez fur leurs fimples quittances, qui feront paffées & allouées fans aucune difficulté dans les comptes de ceux qui en auront fait le payement, fans qu'il puiffe cy-après
leur eftre attribué aucunes augmentations de gages, fous quelque
pretexte que ce foit. Voulons & entendons au furplus que les Edits de
création defdits Offices foient executez felon leur forme & teneur, &
que les anciens Maires, Lieutenans de Maires, Greffiers-Secretaires & Controlleurs des Hoftels de Ville qui auront payé les fommes
dont ils font tenus pour la réunion des pareils Offices alternatifs & my-
triennaux, ordonnée par noftre Declaration du vingt-fix Fevrier 1709.
& par le prefent Edit, dans les termes à eux accordez, jouïffent pleinement & paifiblement de tous les droits, privileges, exemptions
& immunitez attribuez aufdits Offices par nofdits Edits de créa-

tion , Arrefts & Reglemens rendus en confequence & que conformément à l'Article L I X. de l'Edit du mois de Decembre 1706. ils
foient déchargez de prendre & acquerir du franc-falé en execution de
nos Declarations des onze Aouft 1705. & douze Janvier 1706. Et
atteudu l'union & incorporation defdits Offices alternatifs & mytriennaux aux anciens , pour ne compofer qu'un feul & mefme Corps
d'Office , fous le titre d'ancien , alternatif & triennal , Voulons &
ordonnons que toutes les differentes fommes qu'il Nous ont payées
pour l'acquifition defdits anciens Offices , fuppléement de finance ,
confirmation d'heredité & autres , ou qu'ils Nous payeront pour
raifon de ladite réunion & incorporation , ne faffent pareillement
qu'une feule & mefme finance. Permettons aux pourvûs defdits anciens Offices d'emprunter les fommes dont ils auront befoin pour la
réunion defdits Offices , dont il fera fait declaration dans les quittances du Treforier de nos revenus cafuels , pour fureté des prêteurs , que Nous voulons & entendons avoir hypoteque & privilege
fpecial fur lefdits corps d'Offices & finances , mefme privativement
à Nous , renonçant pour Nous & pour les Rois nos Succeffeurs
à tous droits de preference fur lefdits prêteurs. Si DONNONS EN
MANDEMENT à nos amez & feaux Confeillers , les Gens tenans
noftre Cour de Parlement , Chambre des Comptes & Cour des Aydes à Paris , que noftre prefent Edit ils ayent à faire lire , publier &
regiftrer , & le contenu en icelui garder & obferver felon fa forme
& teneur , nonobftant tous Edits , Declarations , Arrefts , Reglemens & autres chofes à ce contraires , aufquels Nous avons dérogé &
dérogeons par le prefent Edit , aux copies duquel collationnées par l'un
de nos amez & feaux Confeillers - Secretaires , Voulons que foi foit
ajoûtée comme à l'Original : C A R tel eft noftre plaifir ; & afin que
ce foit chofe ferme & ftable à toûjours , Nous y avons fait mettre notre Scel. DONNE' à Verfailles au mois d'Avril , l'an de grace mil
fept cens dix ; & de noftre Regne le foixante-feptiéme. Signé ,
LOUIS ; *Et plus bas* , Par le Roy , PHELYPEAUX. *Vifa* ,
PHELYPEAUX. Veu au Confeil , DESMARETZ. Et
fcellé du grand Sceau de cire verte , en lacs de foye rouge & verte.

Regiftrées , oüy & ce requerant le Procureur General du Roy , pour eftre
executées felon leur forme & teneur , & copies collationnées envoyées aux
Baillages & Senechauffées du Reffort , pour y eftre lûes , publiées & regiftrées ;
Enjoint aux Subftituts du Procureur General du Roy a'y tenir la main , &
d'en certifier la Cour dans un mois , fuivant l'arreft de ce jour. A Paris
en Parlement le neuf May mil fept cens dix. Signé , DONGOIS.

Collationné à l'Original par Nous Confeiller-Secretaire du
Roy , Maifon , Couronne de France & de fes Finances.

A PARIS, Chez 'la veuve SAUGRAIN & PIERRE PRAULT, à
l'entrée du Quay de Gêvres, au Paradis. 1722.

EDIT
DU ROY,

PORTANT Rétabliſſement des Offices de Gouverneurs, Lieutenans de Roy, Maires, Lieutenans de Maire, & autres Officiers des Hôtels de Ville.

Donné à Fontainebleau au mois de Novembre 1733.

Regiſtré en Parlement.

A PARIS,

Chez la Veuve SAUGRAIN & PIERRE PRAULT, Imprimeur des Fermes du Roy, Quay de Gêvres, au Paradis, & à la Croix Blanche.

M. DCC. XXXIII.

EDIT
DU ROY,

PORTANT Rétablissement des Offices de Gouverneurs, Lieutenans de Roy, Maires, Lieutenans de Maire, & autres Officiers des Hôtels de Ville.

Donné à Fontainebleau au mois de Novembre 1733.

Regiſtré en Parlement.

OUIS, PAR LA GRACE DE DIEU, ROY DE FRANCE ET DE NAVARRE: A tous preſens & à venir, SALUT. Nous avons par notre Edit du mois de Juillet 1724. ſupprimé les Offices de Gouverneurs, Lieutenans de Nous, & Majors des Villes Cloſes de notre Royaume; les Offices de Maires, Lieutenans de Maires, Echevins, Jurats, Conſuls, Capitouls, Aſſeſſeurs, Secretaires-Greffiers des Hôtels de Ville, & leurs Controlleurs, anciens-mitriennaux, & alternatifs-mitriennaux, ceux d'Archers, Herauts, Hoquetons, Valets de Ville, Tambours, Portiers, Concierges, & les Syndics des Paroiſſes & Greffiers des Rolles des Tailles. Mais nous ſommes informez que depuis

la fuppreffion defdits Offices, la liberté des Eleétions eft prefque toûjours troublée, par des intrigues qui en font comme inféparables, & que des Officiers ainfi élûs, n'ayant que peu de temps à demeurer dans leurs Emplois, ne peuvent acquerir une connoiffance parfaite des affaires concernant notre fervice, & celui des Villes. Pour remedier à ces abus, Nous avons jugé qu'il étoit neceffaire de créer & rétablir dans toutes les Villes & Lieux de notre Royaume, une partie defdits Offices en titre, pour les Fonétions d'iceux, être remplies par des Officiers, qui dans un état fixe & permanant, s'appliqueront avec plus de foin à fatisfaire à tous les devoirs attachez à leurs Charges, & dont la Finance nous fervira à foutenir les dépenfes de la Guerre, & à éteindre & fupprimer des Capitaux de Rentes fur la Ville de Paris, & fur les Tailles. A CES CAUSES & autres à ce nous mouvans, & de notre certaine fcience, pleine puiffance & autorité Royale, NOUS avons par le prefent Edit perpetuel & irrevocable, créé, érigé & rétabli, créons, érigeons & rétabliffons en titres d'Offices, formez, les Offices de nos Gouverneurs & ceux de Lieutenans de Nous, dans les Villes clofes de notre Royaume, un Office de notre Confeiller-Lieutenant des Prevôts des Marchands de nos Villes de Paris & de Lyon, les Offices de nos Confeillers-Maires, Lieutenans de Maires, Echevins, Jurats, Confuls, Capitouls, Affeffeurs, Secretaires-Greffiers des Hôtels de Ville, & leurs Controlleurs anciens - mitriennaux, & alternatifs - mitriennaux, & ceux de nos Avocats & Procureurs defdits Hotels de Ville, fans que fous quelque prétexte que ce foit, ils puiffent à l'avenir être fupprimez.

VOULONS que les Acquereurs d'iceux en joüiffent aux mêmes Fonétions, Honneurs, Rangs, Séances, Prerogatives, Exemptions, Droits & Privileges, dont avoient droit de joüir les precedens Titulaires, avant la fuppreffion ordonnée par Edit du mois de Juin 1717. de la même maniere & ainfi qu'il eft plus amplement expliqué par les Edits des mois de Juillet 1690. Aouft 1692. Aouft 1696. May 1702. Janvier 1704. Decembre 1706. Oétobre & Decembre 1708. Mars 1709. & Avril 1710. portant création des fufdits Offices; lefquels Edits Nous voulons être executez felon leur forme & teneur, en tout ce qui ne fe trouvera pas contraire au prefent Edit; à l'effet de quoy il fera attaché fous le contre-fcel des lettres de Provifions qui feront expediées en notre

GrandeChancellerie, un imprimé de chacun defdits Edits, collationné par l'un de nos amés & féauxConfeillers-Secretaires, Maifon, Couronne de France & de nos Finances. Et à l'égard de
l'exemption de la Taille perfonnelle & des Francs-Fiefs, entendons
que les Acquereurs defdits Offices n'en joüiffent que dans le cas
où leur Finance fera de dix mille livres & au deffus ; & que
ceux dont les Offices feront au-deffous de dix mille livres,
foient taxez d'Office, nonobftant tous Edits & Declarations
à ce contraires. Atribuons à tous les Offices prefentement créés
& rétablis, outre les Droits dont joüiffent ceux qui en font
actuellement les Fonctions, des Gages, fur le pied de trois
pour cent de leur Finance principale, à prendre tant fur les
Deniers communs, patrimoniaux & d'Octrois des Villes &
Communautés, par preference à toutes leurs Dettes & Charges,
que fur les Fonds qui feront par Nous ordonnez, dont fera
fait employ dans nos Etats ; defquels Gages les Pourvûs defdits Offices feront payez par les Receveurs des Deniers communs, Patrimoniaux & d'Octroys, ou autres ayans le maniement des Deniers des Revenus defdites Villes & Communautés,
ou par les Receveurs Generaux de nos Finances, fur les fimples
Quittances defdits Officiers, qui feront paffées & allouées fans
aucune difficulté dans les Comptes de ceux qui en auront fait
le payement.

Faisons défenfes à nos Baillifs, Sénéchaux & leurs Lieutenans, aux Prevofts, Vicomtes, Juges-Mages, Syndics, & à
tous autres, de prendre la qualité de Maires, d'en faire aucune fonction dans les Hoftels de Ville, & autres lieux, ni de
troubler les Maires, & autres Officiers qui feront pourvûs en
vertu du prefent Edit, à peine de trois mille livres d'amende ;
Et fi dans le mois du jour de la publication du prefent Edit, lefdits Offices n'étoient pas levés aux Revenus Cafuels, il fera
par Nous commis aux Fonctions d'iceux, par Commiffions du
grand Sceau.

La Finance principale defdits Offices & fix deniers pour
livre d'icelles, feront payés fur les Quittances du Receveur de
nos Revenus Cafuels ; fçavoir, la Finance principale un tiers en
Efpeces, un tiers en capitaux deRentes fur l'Hoftel-de-Ville de
Paris, & le tiers reftant en Quittances de Rentes fur les Tailles,
en fourniffant par les Proprietaires defdites Rentes, les Quittances de rembourfement, & autres Actes néceffaires pour

l'extinction & la suppression entiere desdites Rentes. A l'égard
des six deniers pour livre, ils seront payés en Especes, étant
destinés au payement des frais du Recouvrement. Permettons
à toutes personnes gradués ou non gradués, d'acquerir & poffeder les Offices Anciens-Mitriennaux & Alternatfs-Mi-
triennaux, avec faculté de les exercer conjointement, ou de
les défunir, vendre, & faire exercer feparément.

POURRONT pareillement lesdits Offices être acquis & exercés
par toutes personnes pourvûës d'autres Offices sans incompatibilité, & fans qu'il foit néceffaire d'obtenir Lettres à cet effet,
dont Nous les avons difpenfés & difpenfons.

LE Droit Annuel defdits Offices fera réduit à la moitié de
ce qu'ils en devroient payer fur le pied de la Finance defdits
Offices, fans être affujettis au payement du Prêt, dont Nous les
avons déchargés & déchargeons.

LES pourvûs defdits Offices entreront en joüiffance d'i-
ceux, immediatement après leur Reception, à commencer par
les Acquereurs des Offices, Anciens-Mitriennaux, pour
continuer alternativement d'année en année, par les Acquereurs des Offices Alternatifs-Mitriennaux, en vertu des Provifions qui feront fcellées en notre grande Chancellerie; à l'effet
de quoi Nous avons revoqué & revoquons par le prefent Edit,
toutes Lettres de Provifions ou de Commiffions, que Nous
pourrions avoir ci-devant accordées pour faire les Fonctions
d'aucuns des fufdits Offices. Voulons qu'ils foient reçûs & prê-
tent le Serment ordinaire; fçavoir, les Gouverneurs, entre les
mains de notre très-cher & feal Chevalier Garde des Sceaux de
France, ou pardevant Nos Intendans & Commiffaires départis
dans les Provinces & Generalités de notre Royaume, fur les
Commiffions qui leur feront par lui adreffées à cet effet; & nos
Lieutenans, entre les mains des Gouverneurs ou Commandans
dans les Provinces, ou de ceux qui feront par eux fubdelegués;
à l'égard des Officiers Municipaux, ils feront reçûs & prêteront
lé Serment; fçavoir, les Maires des Villes où il y a Cour Su-
perieure, Archevêché, Evêché ou Prefidial, pardevant les
Cours de Parlement de leur Reffort; les Lieutenans des Prevôts des Marchands des Villes de Paris & de Lyon, devant les
Prevoft des Marchands defdites Villes; les Maires des autres
Villes, Bourgs & Communautés, devant le plus prochain Juge
Royal; les Lieutenans de Maire, les Ehevins, Jurats, Con-

fuls, Capitouls , Affeffeurs , Secretaires-Greffiers des Hoftels-de-Ville , & leurs Controlleurs, nos Avocats & Procureurs , devant les Maires des lieux de leur etabliffement , ou autres Officiers en Charge , créés par le prefent Edit, fi aucuns font inftalés ; finon feront reçûs , & prêteront Serment pardevant le plus prochain Juge Royal.

DISPENSONS les Officiers de Judicature actuellement en Charge , qui auront été reçûs & prêté Serment dans aucunes de nos Cours Superieures , d'une nouvelle Reception & d'un nou-nouveau Serment , pour les Offices de Maires qu'ils acquereront dans le Reffort des mêmes Cours.

DISPENSONS pareillement d'une nouvelle Reception & d'un nouveau Serment devant le plus prochain Juge Royal , les Acquereurs defdits Offices , qui auront été reçûs dans quel-qu'autre Office de Judicature , dont ils font actuellement pour-vûs.

VOULONS que les Provifions des Officiers ainfi difpenfés de nouvelles Receptions & de nouveaux Sermens , foient feule-ment regiftrées efdites Cours de Parlement , ou aufdites Juftices Royales.

PERMETTONS aux Acquereurs des Offices rétablis par le prefent Edit , d'emprunter les Deniers néceffaires pour l'acqui-fition d'iceux , & voulons que ceux qui leur prêteront leurs Deniers , ayent privilege pour raifon defdits Prêts fur lefdits Offices , à l'effet de quoi mention en fera faite dans les Quittances de Finances qui leur feront délivrées.

S'IL intervient quelques conteftations fur l'execution du prefent Edit , voulons qu'elles foient reglées en notre Confeil , auquel Nous en avons refervé la connoiffance , & icelle interdite à toutes nos Cours & Juges.

SI DONNONS EN MANDEMENT à nos amés & féaux Confeillers les Gens tenans notre Cour de Parlement , Chambre des Comptes & Cour des Aydes à Paris , que notre préfent Edit ils ayent àfaire lire , publier & regiftrer , & le contenu en icelui garder , obferver , & execùter felon fa forme & teneur ; CAR tel eft notre plaifir. Et afin que ce foit chofe ferme & ftable à toujours , Nous y avons fait mettre notre Scel. DONNE' à Fontainebleau au mois de Novembre l'an de grace mil fept cent trente-trois , & de notre Regne le dix-neuviéme. *Signé*, LOUIS, *Et plus bas*, Par le Roy, PHELYPEAUX. *Vifa*,

CHAUVELIN. Vû au Conseil ; ORRY ; Et scellé du grand Sceau de cire verte.

Registré, ouy, ce requerant le Procureur General du Roy, pour être executé selon sa forme & teneur, & conformément à la Declaration du vingtiéme Decembre present mois, enregistrée ce jourd'huy, & Copies collationnées envoyées aux Bailliages & Sénéchauffées du Reffort pour y être lûës, publiées & registrées ; Enjoint aux Substituts du Procureur General du Roy d'y tenir la main, & d'en certifier la Cour dans un mois, suivant l'Arrest de ce jour. A Paris en Parlement, le vingt-deux Decembre mil sept cent trente-trois.

Signé, DUFRANC.

DECLARATION
DU ROY,

*En interpretation de l'Edit du mois de Novembre dernier,
qui rétablit les Offices Municipaux.*

Donnée à Versailles le 20. Decembre 1733.

Regiſtrée en Parlement.

LOUIS par la grace de Dieu, Roy de France
& de Navarre : A tous ceux qui ces preſentes
Lettes verront, SALUT. Nous avons par notre Edit
du mois de Novembre dernier, créé & rétabli les
Offices de Gouverneurs, Lieutenans de Nous, des
Villes cloſes de notre Royaume ; les Offices de
Maires, Lieutenans de Maire, Eſchevins, & autres
Offices Municipaux ; & attribué auſdits Offices nou-

vellement rétablis, outre les Droits dont joüiſſent ceux qui en font actuellement les Fonctions, des gages ſur le pied de trois pour cent de leur Finance principale, à prendre, tant ſur les Deniers communs, Patrimoniaux & d'Octrois, des Villes & Communautés, par préference à toutes les Dettes & Charges, que ſur les fonds qui ſeront par Nous ordonnez : Et Nous avons entre autres choſes auſſi ordonné, que les conteſtations qui pourroient naître en execution dudit Edit, ſeroient reglées en notre Conſeil, auquel Nous en avons reſervé la connoiſſance, & icelle interdite à toutes nos Cours & Juges. Quoyque ces diſpoſitions ſoient les mêmes que celles qui ſont contenuës dans l'Edit de 1692. portant création des mêmes Offices, & qu'il n'en ait reſulté aucun inconvenient, Nous avons néanmoins jugé à propos de prevenir tout ſujet de conteſtation à cet égard, & de raſſurer plus particulierement les légitimes Créanciers des Villes & Communautés de notre Royaume. A CES CAUSES, & autres à ce Nous mouvans, de l'avis de notre Conſeil, & de notre certaine ſcience, pleine puiſſance & authorité Royale, Nous avons par ces preſentes ſignées de notre main, dit, déclaré & ordonné, diſons, déclarons & ordonnons, voulons & Nous plaît, que les Gages des nouveaux Officiers ne pourront être pris ſur les fonds reſtans des Deniers Patrimoniaux & d'Octrois, qu'après que les Arrérages des Rentes, & autres dépenſes indiſpenſables par Nous approuvées auront été acquittées: Voulons que leſdits Gages ſoient employez dans les Etats de nos Finances, pour les Villes & Lieux où, après les Dettes & Charges acquittées, il ne se trouvera pas suffisamment de Fonds dans lesdits Deniers Patrimoniaux & d'Octrois, pour leur payement. Ordonnons au surplus, que toutes les contestations qui pourront naître entre les Officiers nouvellement rétablis, ou entre eux & les autres Officiers, seront portées pardevant les Juges ordinaires, & par appel en nos Cours de Parlement ; Notre intention n'étant de reserver à Nous & à notre Conseil, que ce qui concerne l'execution de l'Edit par rapport à la Vente des Charges, & aux contestations qui pourroient regarder la Finance desdits Offices. Voulons au surplus que notredit Edit soit executé selon sa forme & teneur. Si donnons en mandement à nos amés & féaux Conseillers les Gens tenans notre Cour de Parlement, Chambre des Comptes & Cour des Aydes à Paris, que notre presente Declaration ils ayent à faire lire, publier & regiſtrer, & le contenu en icelle garder, observer & executer selon sa forme & teneur ; Car tel est notre plaisir. En témoin de quoy Nous avons fait mettre notre Scel à cesdites presentes. Donne' à Versailles, le vingtiéme jour de Decembre, l'an de grace mil sept cent trente-trois, & de notre Regne le dix-neuviéme. *Signé*, LOUIS. *Et plus bas*, Par le Roy, PHELYPEAUX. Vû au Conseil, ORRY. Et scellé du grand Sceau de cire jaune.

Regiſtrée, oüy ce requerant le Procureur General du

Roy; pour être exécutée selon sa forme & teneur; & Copies collationnées envoyées aux Bailliages & Sénéchaussées du Ressort; pour y être lûë, publiée & enregistrée: Enjoint aux Substituts du Procureur General du Roy, d'y tenir la main, & d'en certifier la Cour dans un mois, suivant l'Arrest de ce jour. A Paris en Parlement, le vingt-deuxiéme Decembre mil sept cent trente-trois.

Signé, *DUFRANC.*

A PARIS,

Chez la Veuve SAUGRAIN & PIERRE PRAULT,
Imprimeur des Fermes du Roy, Quay de Gefvres,
au Paradis, & à la Croix Blanche. 1733.

ARREST

DU CONSEIL D'ESTAT
DU ROY,

PORTANT reglement pour la vente des Offices Municipaux, créés & rétablis par Edit du mois de Novembre 1733.

Du 29. Decembre 1733.

Extrait des Regiſtres du Conseil d'Eſtat.

LE Roy ayant par Edit du mois de Novembre dernier, rétabli les Offices de Gouverneurs & Lieutenans de Sa Majeſté, enſemble les Offices Municipaux de toutes les Villes & Communautés de ſon Royaume, Sa Majeſté a ordonné par Arrêt de ſon Conſeil du 27. du preſent mois, que la vente deſdits Offices ſeroit faite par Jean-Claude le Clereqz, ſes Procureurs & Commis; & voulant que ledit Arrêt ſoit executé : Ouy le Rapport du Sieur Orry, Conſeiller d'Eſtat & ordinaire au Conſeil Royal, Controlleur Général des Finances, SA MAJESTE' EN SON CONSEIL a

A

ordonné & ordonne que ledit Arrêt sera executé selon sa forme
& teneur : ce faisant,

ARTICLE PREMIER.

Qu'il sera arrêté au Conseil, des Rolles de la Finance des
Offices de Gouverneurs & de Lieutenans de Roy, & des Offices Municipaux rétablis dans toutes les Villes & Communautés
du Royaume, pour être ladite finance payée ; sçavoir, un tiers
en especes, un tiers en capitaux de rentes sur l'Hôtel de Ville
de Paris, & le tiers restant en quittances de rentes sur les Tailles,
entre les mains dudit le Clercqz, ses Procureurs ou Commis,
lesquels s'obligeront de fournir, un mois après le dernier paye
ment desdites finances, les quittances du Tréforier des Revenus
Casuels.

II.

Le fonds des gages attribués ausdits Offices, & assignés tant
sur les anciens & nouveaux Octrois & Deniers Patrimoniaux des
Villes & Communautés, que sur les Etats du Roy, sera fait à
commencer du premier Janvier prochain, pour être remis, à commencer dudit jour, à ceux qui auront acquis lesdits Offices avant
le premier Mars prochain ; & où lesdits Offices n'auroient pas
été levés, ès mains dudit le Clercqz, ses Procureurs & Commis, à
quoi faire les Receveurs & Payeurs des deniers communs,
d'Octrois & Patrimoniaux des Villes & Communautés, &
autres chargés du payement desdits Gages, contraints, quoi faisant, bien & valablement déchargés.

III.

Ceux qui seront pourvûs ou commis aux fonctions desdits
Offices, entreront en exercice du jour de leur reception,
pour exercer comme anciens mi-triennaux pendant une année,
après laquelle expirée, les alternatifs mi-triennaux entreront en
fonctions, & ainsi consécutivement d'année en année.

IV.

Veut sa Majesté que dans les lieux & pays de taille personnelle, où l'imposition & la levée en sont faites par les Echevins,
Consuls, Jurats & autres Officiers de cette nature, ceux presentement rétablis ne puissent être contraints en leurs personnes
& biens pour raison de la Collecte de la Taille, en s'abstenant
par eux du maniement des deniers qui continueront d'être reçûs

par lesEchévins électifs, en la maniere accoutumée.

V

Les Affesseurs feront établis dans la Province de Bearn ; au lieu & place des Députés des Corps de Villes, dont les Communautés de ladite Province font dans l'usage de faire Election, & feront les Titulaires des Offices presentement rétablis, ainsi que ceux que Sa Majesté aura commis, en attendant la vente, élûs Jurats préferablement à tous autres.

V I.

Dans les Provinces & Pays d'Etats, où les Maires, Consuls, Jurats & autres Officiers Municipaux des Villes & Communautés font en possession d'être Députés à la tenuë desdits Etats, la députation ne fera à l'avenir déferée qu'à ceux qui feront pour-vûs des Offices créés & rétablis par ledit Edit, lesquels en joüiront alternativement entr'eux, ainsi que de tous les honneurs, profits & émolumens qui y font attachés ; à l'effet de quoi ceux qui auront fait leurs soumissions pour acquerir aucuns desdits Offices auront entrée ausdits Etats, à l'exclusion des Maires & autres Officiers actuellement en place, en justifiant par lesdits Soumissionnaires, du payement en especes du tiers de la finance desdits Offices, & de la Commission qui leur aura été donnée en Chancellerie à cet effet, en attendant le dernier payement du prix de leur acquisition.

V I I.

Veut pareillement Sa Majesté que ceux qui auront fait leurs soumissions pour acquerir aucuns desdits Offices, & qui auront payé le tiers en especes de la finance desdits Offices, foient eux &lleurs enfans, exempts de la Milice,& ne puissent être augmen-tés à la Capitation pour raison de ladite acquisition.

V I I I.

Lorsqu'il aura été pourvû ou commis à l'exercice au-cuns des susdits Offices, les Maires & autres Officiers Munici-paux ayant l'administration des affaires desdites Villes & Com-munautés, feront tenus de rendre compte de leur administration ausdits nouveaux pourvûs ou commis, en presence des Sieurs In-tendans ou de leurs Subdélegués, faute de quoi contraints.

I X.

Fait Sa Majesté défenses à toutes personnes de s'immiscer dans les fonctions d'aucuns des susdits Offices, ou de les conti-nuer après qu'il y aura été par Elle commis, à peine d'une amende de trois mille livres, qui ne pourra être remise ni moderée.

X.

Veut & entend Sa Majesté que les acquereurs des Offices de Maires, ne payent pour tous droits de reception dans les Cours superieures, que soixante livres ; & dans les Bailliages, Sénéchauffées, & autres Justices, trente livres pour tous droits d'épices, conclusions & du Greffier ; & aux Bureaux des Finances, vingt livres pour les droits de présentation, épices, droits du Greffier & enregistremens de leurs Provisions ; les Gouverneurs & les Lieutenans de Roy, pareille somme de vingt livres pour tous droits d'enregistremens de leurs Provisions aux Bureaux des Finances. A l'égard de ceux qui feront pourvûs des autres Offices Municipaux, dont la reception doit être faite aux Hôtels de Villes, ils ne payeront pour leur reception que dix livres ; & pour les droits d'attache des Bureaux des Finances, ils payeront ; sçavoir, les Lieutenans de Maires, Echevins, Assesseurs, Procureurs & Avocats du Roy, dix livres, & les Secretaires, Greffiers & leurs Controlleurs, cinq livres pour tous droits.

XI.

Ordonne Sa Majesté, que les acquereurs des susdits Offices Municipaux, dont la finance sera de 1000. l. & au-dessous, ne seront tenus de payer aucuns droits de Marc d'Or, & pour les Lettres qui leur seront expediées en Chancellerie, que 9. liv. pour droits de Sceau & Honoraire, & 10. s. aux Gardes des Rôlles ; que les Acquereurs des Offices de Gouverneurs ne payeront que 27. liv. pour tous droits de Marc d'Or, y compris les 10. s. 4. d. pour livre d'iceux, & le tiers des droits ordinaires d'enregistrement & de sceau ; & que pour les Offices de Lieutenans de Roy, ainsi que pour les autres Offies Municipaux, dont la finance sera au-dessus de 1000. liv. il ne sera payé que le neuviéme des droits ordinaires du Marc d'Or, & en cas de mutation, sur le pied du tiers de la fixation portée au Tarif arrêté au Conseil le 7. Octobre 1704. & le tiers des droits ordinaires d'enregistrement & de sceau : A l'égard des Commissions en attendant la vente, il ne sera payé pour le Sceau d'icelles que 5. liv. & 2. liv. 10. s. pour l'honoraire, & 1. liv. aux Gardes des Rolles, le tout pour la premiere fois seulement, & sans tirer à consequence.

XII.

Veut Sa Majesté, qu'après qu'il aura été expedié des Pro-

visions à des adjudicataires d'aucuns desdits Offices, ils en demeurent paisibles possesseurs & proprietaires, sans que les Villes & Communautés puissent être admises, sous quelque prétexte
que ce soit, à les déposseder ou les rembourser, sinon de gré à
gré ; Permet néanmoins Sa Majesté aux Villes & Communautés, d'acquerir aucuns desdits Offices, à condition de faire par
elles leurs soumissions ou encheres, Office par Office, & con-
concurremment avec ceux qui se presenteront pour encherir
ou sur-encherir, & sans que les Encheres faites par une Ville
pour tous les Offices Municipaux de ladite Ville, puissent empêcher les Particuliers de sur-encherir ceux desdits Offices qu'ils
auront dessein d'acquerir, & à la charge par lesdites Villes &
Communautés, en cas qu'elles demeurent Adjudicataires, de nommer un sujet au nom duquel il sera expedié des Lettres au Grand
Sceau, qui tiendront lieu de Provisions, & sans que le Pourvû
puisse prendre le Titre & la qualité, ni faire aucunes Fonctions
desdits Offices. Veut & ordonne Sa Majesté qu'au moyen
desdites Lettres, & pendant la vie de celui au nom duquel
elles auront été expediées, les Villes & Communautés puissent
continuer d'élire en la maniere ordinaire, les Officiers qui leur
conviendront pour faire les Fonctions des Offices par elles
acquis, & que pour conserver ces mêmes Offices, elles soient
admises au payement de l'Annuel, au nom de celui au nom
duquel lesdites Lettres auront été expediées, au moyen duquel
payement, elles pourront, après sa mort, donner un nouvel
homme, dans les délais ordinaires, auquel il sera expedié de
nouvelles Lettres, en la forme & maniére ci-dessus ordonnnées,
& continüer en consequence de faire leurs Elections en la
forme ci-dessus expliquée.

XIII.

Pour faciliter les offres qui pourront être faites, il sera établi un Bureau général à Paris, & des Bureaux particuliers dans
les Chefs-lieux des Généralités, où toutes personnes connuës &
domiciliées seront reçûës à faire des offres, lesquels offres ne
pourront être au-dessous des trois quarts de la Finance de ceux
qui seront de 1200 livres & au dessus, & du montant de leur
fixation pour ceux dont la Finance sera au dessous de 1200 livres,
suivant les Etats qui en seront arrêtés & visés du Sieur de Baudry,
Conseiller d'Estat ordinaire & Intendant des Finances.

XIV.

LEs Commis des Bureaux des Provinces qui feront chargés de recevoir & d'enregiftrer les Soumiffions ou Offres des Particuliers ou des Villes, tiendront deux Regiftres qui feront paraphés par les Sieurs Intendans ou leurs Subdelegués, dans l'un defquels Regiftres ils enregiftreront jour par jour & fans aucun blanc la Recette qu'ils auront faite, des fommes qui leur auront été confignées; dans l'autre Regiftre ils porteront & enregiftreront également fur deux colonnes, les Soumiffions, contenant les Offres, les noms, fur-noms, qualités & domiciles des Soumiffionnaires, la nature des Offices & les noms des Villes & Generalités; ces Soumiffions feront fignées doubles, tant par lefdits Commis que par les Soumiffionnaires, après quoy il fera coupé & detaché dudit Regiftre, une des deux copies de l'Offre étant fur l'une des deux colonnes, laquelle fera remife à celui qui aura fait ladite Offre, pour lui fervir à juftifier la qualité & la datte de fes Offres, & pourront toutes perfonnes prendre communication dudit Regiftre, fans aucuns frais.

X V.

IL ne fera reçû aucune Enchere dans les Bureaux des Provinces, ni au Bureau General de Paris, qu'en juftifiant par les Encheriffeurs, de la Quitrance du payement du fixiéme en efpeces du montant total de la Finance de l'Office & de l'Enchere.

X V I.

LEs Commis du Bureau de Paris, qui feront chargés de recevoir les Offres ou Encheres, feront tenus de les enregiftrer dans un Regiftre à deux colonnes, pareil à ceux des Provinces, lequel fera paraphé par le Sieur de Baudry, Confeiller d'Eftat ordinaire, Intendant des Finances, ainfi que le Regiftre dans lequel ils regiftreront les fommes qui leur auront été confignées. Seront en outre tenus lefdits Commis, d'envoyer à la fin de chacune femaine dans les differens Départemens des Provinces, un Extrait des Offres & Encheres qu'ils auront reçûs à Paris, à l'effet d'en informer les Particuliers de ces Provinces qui voudront faire leur enchere ou fur-enchere; & pour donner le tems aux Particuliers & aux Villes des Provinces les plus éloignées, de faire leur enchere ou fur-enchere, il ne fera expedié aucunes Provifions en faveur de qui que ce foit, domicilié à Paris ou en Province, que trente jours après la datte de la dernière offre, après lequel délai expiré, personne ne fera admis à faire enchere ou fur-enchere.

X V I I.

Les Encheres feront, au moins de trente livres, fur les Offices dont la finance fe trouvera monter jufqu'à 1000 livres exclufivement ; de foixante livres, depuis 1000 livres jufqu'à 2000 livres ; de cent vingt livres, depuis 2000 livres jufqu'à 4000 livres ; de deux cens quarante livres, depuis 4000 livres jufqu'à 10000 livres ; & de quatre cens cinquante livres, depuis 10000 livres jufques à quelques fommes que puiffent monter lefdites Finances. Entend Sa Majefté, que les Particuliers qui feront des encheres ou fur-encheres fur lefdits Offices, joüiront des Gages à proportion de la Finance par eux payée ; de laquelle Finance les encheres & fur-encheres feront partie.

X V I I I.

Au moyen de l'Enregiftrement qui fera fait au Bureau de Paris, de toutes les Encheres, en la forme cy-deffus expliquée, de l'avis qui en aura été donné aux Soumiffionnaires, & de la communication des Regiftres de Paris & des Provinces, qui fera donnée fans frais à toutes perfonnes, les Encheriffeurs ne feront point tenus de faire fignifier leurs encheres & fur-encheres aux Commis des Provinces, ni aux Gardes des Rolles à Paris, s'ils ne le jugent à propos ; au dernier cas, les Gardes des Rolles n'en recevront aucunes, qu'il ne leur ait apparu d'une confignation réelle & effective du Sixiéme en Efpeces du montant de la derniere offre.

X I X.

Les Commis qui feront établis dans les Chefs-lieux des Generalités, feront arrêter leurs Regiftres le Samedy de chacune Semaine, par les Sieurs Intendans, ou leurs Subdelegués, & enverront le jour fuivant au Sieur Controlleur General des Finances, un Relevé des offres faites en leurs Bureaux, & un Bordereau des fommes par eux reçuës. F a i t au Confeil d'Eftat du Roy, tenu à Verfailles le vingt-neuviéme jour du mois de Decembre mil fept cent trente-trois. Collationné.

Signé, EYNARD.

L O U I S, par la grace de Dieu, Roy de France & de Navarre, Dauphin de Viennois, Comte de Valentinois & Diois, Provence, Forcalquier & Terres adjacentes : Au premier

notre Huiſſier ou Sergent ſur ce requis ; Nous te mandons &
commandons que l'Arreſt, en forme de Reglement, dont l'extrait eſt ci-attaché ſous le contre-ſcel de notre Chancellerie,
ce jourd'huy rendu en notre Conſeil d'Eſtat, concernant la
Vente des Offices Municipaux de toutes les Villes & Communautés de notre Royaume, ſous le nom de Jean-Claude le
Clercqz, chargé, à titre de Regie, du Recouvrement de la
Vente deſdits Offices ; Tu ſignifies à tous qu'il appartiendra, à
ce qu'aucun n'en ignore, & fais en outre pour ſon entiere execution, à la Requête dudit le Clercqz, tous Commandemens,
Sommations & autres Actes neceſſaires ſans autre permiſſion,
nonobſtant Clameur de Haro, Chartres Normandes & Lettres
à ce Contraires. Voulons qu'aux copies dudit Arreſt & des preſentes, collationnées par l'un de nos amés & feaux Conſeillers-
Secretaires, foy ſoit ajoûtée comme aux Originaux : CAR tel
eſt notre plaiſir. DONNE' à Verſailles le vingt-neuviéme jour
de Decembre, l'an de grace mil ſept cent trente-trois ; & de
notre Regne le dix-neuviéme. Par le Roy Dauphin, Comte de
Provence en ſon Conſeil. *Signé*, EYNARD : Et ſcellé.

POUR LE ROY. { *Collationné aux Originaux par Nous Ecuyer,
Conſeiller-Secretaire du Roy, Maiſon,
Couronne de France & de ſes Finances.*

A PARIS.

Chez la Veuve SAUGRAIN & P. PRAULT, Imprimeur des Fermes du
Roy, Quay de Gêvres au Paradis, & à la Croix Blanche. 1734.

www.ingramcontent.com/pod-product-compliance
Lightning Source LLC
LaVergne TN
LVHW050626060726
842527LV00004B/1216